喰代栄一
Eiichi Hojiro

魂の記憶

Soul Memory

宇宙は
あなたのすべてを
覚えている

日本教文社

魂の記憶——宇宙はあなたのすべてを覚えている

目次

第2章❖……宇宙の情報は、「光」にのって飛ぶ………67

第3章 ❖ ……物質は、すべてを記憶する……… 113

第4章 ❖……世界は、あなたのすべてを永遠に記憶する…………168

ゲリー・シュワルツ博士と
リンダ・ルセック博士の共著
「The Living Energy Universe」

魂の記憶

宇宙はあなたのすべてを覚えている

序にかえて

――心理学者リンダ・ルセックが、心ひそかに思い続けていたこと

リンダの父、ヘンリー・ルセックは著名な心臓専門医だった。患者たちに慕《した》われるばかりでなく、家族たちからも深く愛される人物だった。リンダの母、エレインは看護婦。そんな家庭環境に育ったリンダは、当然のように医学の道を進むことになった。一九七八年、米国連邦国際大学で臨床心理学の博士号を取ったとき、両親は彼女にある提案をした。それは様々な治療法を統合して患者に施そうという「統合医療」をやってみてはどうかというものだった。おそらく当時それは米国では初めての試みだったに違いない。

患者たちのために現代医療の至らない部分をなくし、よりよい医療を求めていこうとするそんな両親をリンダは尊敬していた。とりわけ父親の存在は特別だった。彼女にとって父ヘンリーは、親であり、同時に友であり、そして医療現場の同僚だった。そんな親子関係は誰もが望む理想の姿に違いない。ところが一九九〇年のある日、ヘンリーは突然この世を去ってしまったのだ。誰もが悲しむ、そ

れは悲惨な死だった。

そのとき以来、リンダには心ひそかに思い続けていたことがあった。死後、父の意識がなんらかの形でこの世に継続して存在しているのではないかという思いである。父の肉体は滅んでしまったが、父のエッセンス、あるいはスピリット、魂といったものが肉体の死後も生存していて、今なお進化しているのではないか？　いずれにせよ、父はなんらかのレベルでまだ生きているに違いない。そんな父と、なんらかの形でコンタクトできないものだろうか？

科学者である彼女がそのような思いをいだいたのは、父の死後に数々の信じがたい霊的体験をしたからである。最愛の人を失うと、人は誰でもその人の霊魂に語りかけずにはいられない気持ちになると私は思う。それは科学者といえども同じなのだろう。彼女はそれ以来、死後の存在についての多くの本を読み、多くの人と話をしてきた。

そして一九九三年のある日、彼女はフロリダのボカラトンで、ゲリー・シュワルツという名前の一風変わった教授と一夜を過ごしていた。ふたりは夜を徹して、語り続けていた。しかしその話の内容は、普通ではなかった。

彼女はいった。「父がまだ生きている可能性はあると思う？」

彼は答える。「僕が、その可能性はあるっていうと思うの？」

「ええ」と彼女。

「僕がそう思うことがなぜ、君にとって意味があるの？」

シュワルツはもってまわったような問いを返すが、そこで彼女は決定的なことをいう。

「あなたはほんとうの科学者だから、そういう人が、父が生きている可能性があるというのなら、何か理由があると思うの……」

この言葉を聞いて、彼の心の壁がくずれたのである。いったい彼の心に、どんな壁が立ちふさがっていたのか?

それは、こんなものだったに違いない。

人騒がせでとんでもない仮説は、自分の心の底深くしまっておけばいいのだ、どうせだれも理解してはくれないのだから……。

しかしその壁が、リンダという女性によって崩された。そして、ゲリー・シュワルツはその仮説を語り始めたのである。

リンダ・ルセック博士

彼はその理論を思いついてから十三年間、決して誰にも話さなかった。論語に、「子《し》、怪・力・乱・神を語らず」というのがある。孔子は、奇怪なこと、勇力のこと、乱倫《らんりん》のこと、神秘なことを主張することがなかったという意味だ。ここでいう「怪」とは、不可思議なことで、往々にして世を惑わす奇怪の説をも意味する。また、「神」とは、神秘なことで、怪しげな宗教、夢や動物に託するまじないのごときものも含む。

彼が思いついたその理論は、まさにこの「怪」であり、「神」であった。そして思ったのだ。この奇異な仮説を世に発表したら、科学者としての信頼を失ってしまうのではないか。まして、この説が間違っていると証明されたら、大学教授の肩書きさえ危うくなる。しかし、この理論がもし正しかったなら、科学者としての自然観すら変えなければならない。そうだ、こんなものは自分の胸の内にしまっておく方がいい――、と。それは、天才的な科学者のかたくなまでの決心だった。

しかし、彼はリンダ・ルセックに初めて語り出したのである。彼の**「動的《ダイナミック》システム記憶仮説」**（以下、わかりやすく「シュワルツの仮説」と呼ぶことにする）によれば、宇宙にあるすべてのシステムはダイナミック（動的）に情報を蓄えているだけではなく、生きていることになる。ひとつのシステムである人が死んでも、その人の情報を含んだエネルギーシステムは、生き続け、進化し続けているはずだ――と。

ゲリー・シュワルツ博士

本書は、シュワルツの唱えるその仮説とは何か、そして関連する科学の話題について述べたものである。読者のなかには頻繁に出てくる科学の用語にとまどわれる方がおられるかもしれない。しかしそれらの言葉は気軽に読み飛ばしていただいて結構である。そのような方にも、章を追っておもしろく読んでいただけるのではないかと思う。第3章と第4章は、著者の私があらためて読んでも興味がつきない。「シュワルツの仮説」で説明がつくと思われる様々な現象、そして事実を紹介しているからだ。

たとえば「ホメオパシー」と呼ばれる治療法。その奇跡的治験《ちけん》例をいくつか示すが、驚かないでほしい。今や欧米の心ある医者たちの間ではよく知られたことなのだ。そこで使われる薬は、毒にもなる薬効成分を大量の水で希釈することによって得られる。カギを握るのは「水」の記憶能力である。

また、心臓移植によって、心臓提供者の記憶が、移植を受けた人に発現することが知られている。日本ではまだまだ臓器移植は多く行われていないので、このような現象があることはあまり知られていない。しかし、それは事実なのだ。人生の記憶とは、いったい何なのだろう。そして、二〇〇一年九月十一日アメリカで起きた同時多発テロを、夢で予知した男がいる。そのメカニズムが、「シュワルツの仮説」で説明可能なのだ。これらのことを含めて、様々な事実を紹介した。

現在、シュワルツは米国アリゾナ州立大学の心理学、神経学、精神医学の教授を務めている。また同大学ヒューマン・エネルギー・システムズ研究所およびバイオフィールド先端医療センターの理事でもある。ルセックも一時期、ヒューマン・エネルギー・システムズ研究所の理事として、シュワルツの仮説を検証すべく研究をしていた。その時ふたりは人生のよきパートナーでもあったが、今は別れて、お互い独立して研究を続けている。ルセックは、非営利組織である心臓科学財団の所長として、スピリチュアルな医療プログラムなどの研究を行っている。ふたりともきわめて優秀な科学者であり、ホームページ(註)を公開して、いまだ神秘のベールにつつまれた生命現象をそれぞれの角度から解明しようとしている。
そんなふたりの意をくみ、本書で私は科学の言葉で「怪」（＝不思議）と「神」（＝神秘）を思いきり語ったつもりだ。それにより、「いかに科学とスピリチュアリティー（霊性）は統合できるか」という私自身の問いの、答えを見つけることができるかもしれないからだ。

二〇〇三年五月

喰代栄一

（註）

・シュワルツ博士のホームページ（「アフターライフ・イクスペリメンツ」）
http://www.openmindsciences.com/

・ルセック博士のホームページ（心臓科学財団）
http://www.heartsciencefoundation.com/

第1章 ● 宇宙のシステムは、万物の情報をやり取りする

縮むと赤い　膨らむと蒼い　綿のような光球で
ふたつの影が　キャッチボールをしていた
――詩集『心的惑星圏』（喰代栄一）～「親和」より

恋人たちの電子メール返信問題

あなたは電子メールを送ったことがあるだろうか。友達や恋人にあなたのコンピュータから、あるメッセージを送ったとしよう。たとえば「来週の土曜日、また夕食を一緒にしたいね」とあなたが彼女にメールを送ったとする。つまり、あなたのコンピュータシステムは、「来週の土曜日、また夕食を一緒にしたいね」という情報を彼女のコンピュータシステムに向かって発信したわけだ。

すると、しばらくしてそのメールを見た彼女は、「ＯＫよ。じゃ、いつものところで6時頃どう？」と返信する。二一ページの図1を見ていただこう。メールのソフトは今とても便利にできていて、受

け取ったメールを読み返事を送りたければ、大半のソフトはコンピュータ画面に表示された返信のボタンをクリックすればいいように設計されている。そうすれば相手のメールアドレスあてに返事のメールが書けるようになっており、そこには相手のメッセージが引用の形で表示される。

つまり彼女の返信の内容は「『V来週の土曜日、また夕食を一緒にしたいね』『OKよ。じゃ、いつものところで6時頃どう?』」ということになる。あなたが発信した情報を含んだ形で、彼女の情報が今度はあなたのコンピュータシステムに発信されたことになるわけだ。

そこでうれしくなったあなたは、さっそくまた返信を送る。「わかった。楽しみにしてるよ」と……。もうおわかりだと思うが、その時あなたのコンピュータは、「『VV来週の土曜日、また夕食を一緒にしたいね』『VOKよ。じゃ、いつものところで6時頃どう?』『わかった。楽しみにしてるよ』」という情報を彼女のコンピュータに向けて発信しているのである。

つまり、あなたと彼女のコンピュータはお互いに受け取った情報を解釈し、その情報を引用という形で含みながら相手のコンピュータシステムに返信しているのである。このモデルは、シュワルツとリンダ・ルセックによって提唱された仮説の根本概念を説明するのにきわめて都合がいい。そこで私はこれをわかりやすく「恋人たちの電子メール返信問題」と名づけてみた。

何年か前に話題になった映画『ユー・ガット・メール』は、メグ・ライアンとトム・ハンクスが演じるふたりがメールを交換し合い、ついに結婚にまでいたるほほえましいラブストーリーである。はじめはお互い相手の顔も知らないままに、メールを交換し合っていた。そのメール交換は、お互いに相手からのラブコールの情報を含んでいた、まさに「恋人たちのメール返信問題」にぴったり当てはまるだろう。

また、仲のよい恋人どうしなのに、お互いにいそがしいとか遠くに住んでいるという事情があってなかなか会うことができない。電話で話すのもままならない。そんな恋人たちはきっと電子メールを、結婚するまで延々とやり取りするのではないだろうか。その時、彼らの電子メールにはそれまでのメールの内容が引用の形で全部残されたままになっているだろう。

では、その「シュワルツの仮説」を紹介しよう。

「私たちの住むこの世界は様々なシステムにより構成されており、それらすべてのシステムは、なんらかの情報を発したり受け取ったりしている。その情報のやり取りのなかで、システムに記憶が宿る」

これが、この仮説のキーポイントだ。この考え方を核に、世の中で起こる現象を観察していると、たしかにこの世界はそうなっていると思えることばかりである。

そして、この仮説提唱者のゲリー・シュワルツとリンダ・ルセックは、きわめて単純なこの考え方を発展させて、私たちに驚くべき世界像を見せてくれる。たとえば、この宇宙は素粒子などのミクロの世界から、星や銀河といったマクロの世界にいたるまでそれぞれがシステムであり、その様々なシ

To: "Hanako" <hanako@abc.com>

わかった。楽しみにしてるよ
太郎

----- Original Message -----
From: "Hanako" <hanako@abc.com>
To: "Taro" <taro@xyz.com>
Subject: Re: 来週の件

> ＯＫよ。じゃ、いつものところで６時頃どう？
> 花子
>
> ----- Original Message -----
> From: "Taro" <taro@xyz.com>
> To: "Hanako" <hanako@abc.com>
> Subject: 来週の件
>
> > 来週の土曜日、また夕食を一緒にしたいね
> > 太郎

図１　過去の情報を含んで返信されるメール

ステムの階層において「情報エネルギー」が常に、そして永遠にやり取りされる。そしてそこに記憶が残る。そういう世界が、わたしたちの宇宙なのだ、と……。

ここで、シュワルツたちの考え方に、もうひとつユニークな点があることをいっておかなければならないだろう。それは、彼らが「情報エネルギー」というときは、「情報」と「エネルギー」は一体となったものであるということなのだが、ここにはおもしろい論点があるので第2章で詳しく説明することにしよう。

懐疑論者たちの嘲笑

シュワルツとリンダがこの仮説を発表してから四年後の一九九七年、アリゾナの有力新聞「ツーソン・シティズン」は七月四日の記事で特集を組み、彼らの仮説を批判した。特集記事のタイトルは「仮説——物が記憶をもつ」。そしてサブタイトルは「アリゾナ大学のふたりが、細胞や宝石さえも記憶するのかもしれないという。懐疑論者たちは嘲笑する」。革命的な仮説というものは、常に人が寄ってたかって騒ぐものだ。

ルパート・シェルドレイクが一九八〇年代の初頭、『生命のニューサイエンス』(邦訳、工作舎)で「形成的因果作用の仮説」を発表したときもそうだった。この仮説によると、ある生物が今のような形をしているのは、その生物の過去の形による共鳴現象が起こっているからだという。言葉をかえていえば、遺伝子によらない霊的、テレパシー的な遺伝作用があるということである。これが当時の常識的科学者たちの非難の的になった。そして世界的な科学騒動へと発展した。この辺の事情は拙著『なぜそれは起こるのか』(サンマーク出版)に詳しく書いたので、興味のある方はお読みいただければ幸いである。

シュワルツは、シェルドレイクが仮説を思いついたときとほぼ同じ頃「動的システム記憶仮説」を思いついていた。しかしシュワルツはそれを世に発表せず、十三年間ものあいだ自分の心のなかにしまい込んでおいた。それが良かったのか悪かったのかわからないが、もし仮説を思いついてすぐにそれを世に出していたら、おそらくシェルドレイクと同じように、主流科学の大御所たちから相当な批判を受けたに違いない。いやそれどころか相手にもされなかったのではないか。

しかし、彼がリンダ・ルセックと出会い、仮説を発表したときは二十世紀もおしせまり、アメリカの良識ある一部の人たちのあいだに静かに浸透していたスピリチュアリズムや代替医療などの価値が理解され始めていただけに、シュワルツたちに対する嘲笑も、そんなに厳しいものではなかったのではないかと私は思う。「ツーソン・シティズン」の特集記事も一方的ではなく、仮説を嘲笑する立場と、支持する立場の科学者たちを登場させて解説しているのがそれを示している。

嘲笑する立場からはカリフォルニア大学の著名な神経科学者ラリー・スクワイアーが登場し辛辣《しんらつ》な批判を展開している。記事には、スクワイアーが「ふたりの仮説は空飛ぶ円盤についての報告書のように非常識でばかげている」といったとあり、さらにスクワイアーがこの仮説についてのインタビューを受けたこと自体にはなはだ気分を害したと書かれた。そして彼は記者に対し「科学論文ならいいが、あなたがそれに興味をもっているのが私には迷惑だ」といったという。どうやらスクワイアーはシュワルツたちの書いた論文を一篇も読まず、一方的に論外と決めつけたようだ。

一方、支持する立場の人はハーバード大学のロジャー・エドワーズ。彼は権威ある学術誌のひとつ『オルタナティブ・セラピーズ・イン・ヘルス・アンド・メディスン』誌の主任編集者でもあった。この雑誌にはシュワルツたちの「動的システム記憶仮説」についての論文がいくつか載っている。エドワーズは彼らの仮説を「シュワルツとルセックの仮説」と呼び、これは現在私たちが説明できない現象を説明するのにきわめて都合がいい、私たちがつかめなかった情報を彼らはたくさんつかんだ、理論の側面からもう一歩踏みだそう、と賞賛した。

さらに「ツーソン・シティズン」はアリゾナ大学心理学部教授リン・ナデルの言葉を載せている。ナデルは記憶の研究で功績のある著名な神経生物学者である。その彼の言葉とは、「たいていの人が、これはまったくのナンセンスだというだろうが……」というもの。彼はシュワルツたちの論文をしっかり読んでおり、「理論としては合格。しっかりとした理論なので、探求する価値がある」といい、さらにつけ加えて「科学というものはこのような方法論が必要であり、私たちの心には信じがたい事実でも、それは間違っているということではない」とコメントしたのである。

ナデルのこのコメントは、彼が一流の科学者であることをうかがわせる。ここで私はかの有名なアインシュタインの言葉を思い出さざるをえない。「まず最初にばかばかしいと思わないアイデアについては、そのアイデアに望みはない」という言葉だ。科学理論についての新しいアイデアを思いついて、それがばかげていると思うものでなければ、結局ものにはならないということである。私はこの言葉が大好きだ。

だいたい常識的な科学理論というものに、おもしろいものはない。科学の世界にとどまらず、ビジネスや政治の世界などでも世の中を一変させるような考えというのは、はじめは皆にばかにされたり、無視されたりする。しかし後にそれは万人に認められ、賞賛される。歴史とはそうしたものだ。その意味からいうと、シュワルツとルセックの仮説もおおいに期待できる。仮説を思いついた本人自身もはじめからばかばかしいと思って、十三年間誰にもいわなかったくらいなのだから……。

「シュワルツの仮説」とは何か――共鳴するふたつの音叉

さて、それではこの仮説の解説に移ろう。まず、二六ページの図2を見ていただきたい。楽器などの音程を合わせるのに使う音叉《おんさ》だ。それがふたつある。同じようにつくられた音叉だから、ポンとたたくと同じ音がする。この音叉をふたつ並べておき、一方をたたくと、やがてその音がもう一方に伝わって、ふたつの音叉は共鳴し始める。

ここで、ふたつの音叉はそれぞれひとつのシステムを形成していると考える。わかりやすくするために、それぞれのシステムを「太郎」、「花子」と名づけよう。そして、一方の音叉(太郎)をポンとたたいたときに発信された音を、太郎の初期情報と考える。まもなくその情報は、もう一方の音叉(花子)に到達する。太郎システムからの情報が花子システムに届くわけだ。その時、花子に届いた情報は、太郎の初期情報と、太郎から花子へ伝達された〝経歴〟である。情報が運ばれているあいだ

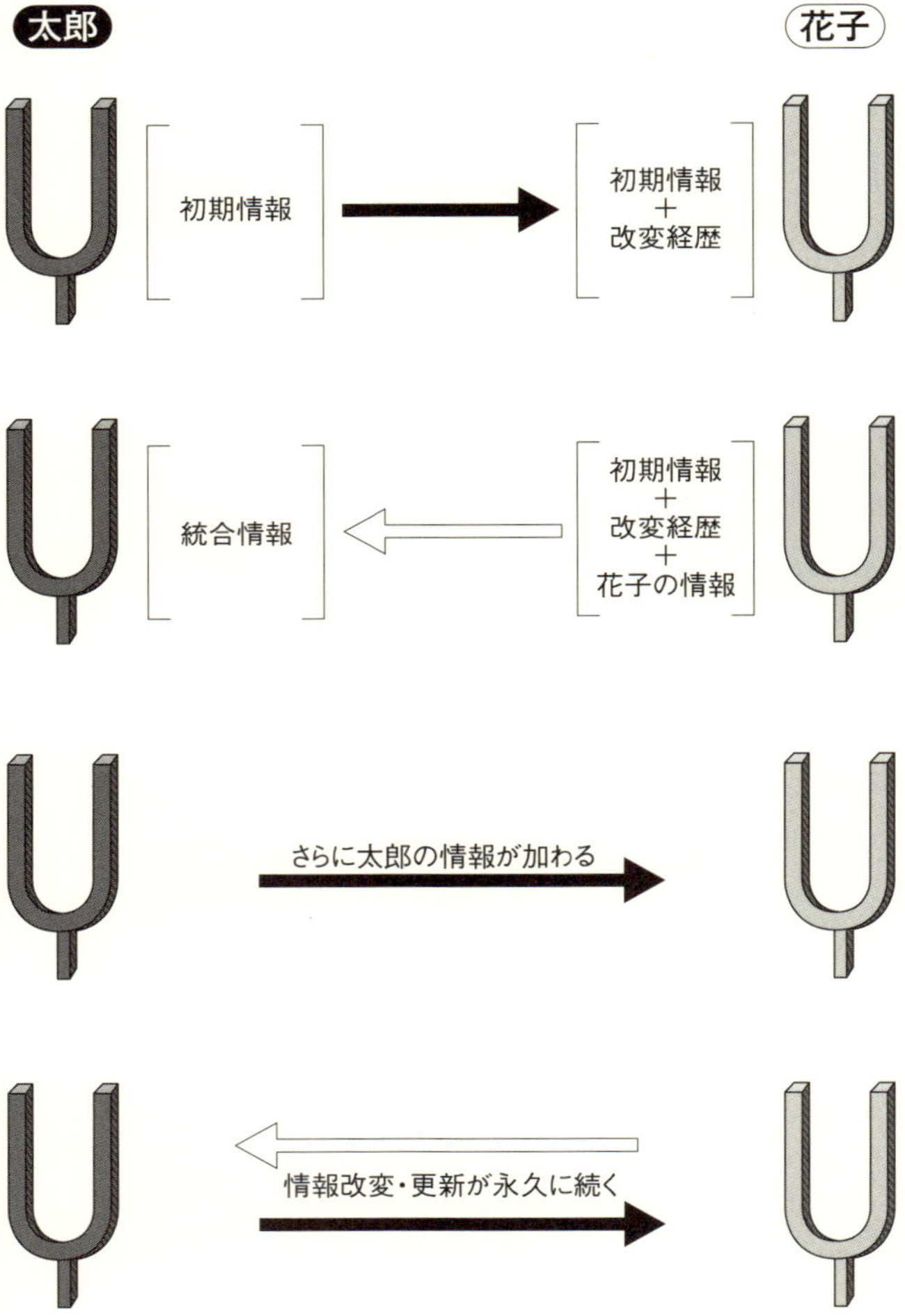

図2　ふたつの音叉共鳴による情報の改変更新

に、なんらかの理由でその情報が改変された場合、花子に届いた情報は、太郎の初期情報と、その改変経歴ということになる。

さて、太郎からの情報を受け取った花子は、その情報に応答しようとし始める。この時点で太郎と花子はコミュニケーションを開始したことになる。このとき太郎の情報は音の振動として花子に伝わり、花子はそれに共鳴して振動し始め、花子自身もまたその情報を音の振動として太郎に返している。これは太郎の初期情報が、花子によって改訂されたものというい方もできる。

また、花子が太郎に返しているその情報は、太郎が初めに発した情報、つまり太郎の過去の情報と、太郎から花子へ伝達された経歴と、花子が共鳴して発した花子の情報が統合されたものとなる。そこでシュワルツとルセックは、このとき統合された「システム記憶」が形成されると考えるのだ。さらにまた、この時点でふたつのシステムは、統合されたもうひとつのシステムを形成し始めたともいえる。

次に、情報が花子からふたたび太郎に戻ってきたらどうなるだろう。実は、ここで太郎システムは様々に変化する可能性がある。様々な要因が太郎システムを他の状態へ導いていくことがあるのだ。ここで太郎が発信しようとしている情報は、花子から戻ってきた情報に大きく影響を受けたものとなる。解説しよう。

自分の情報が改変されて戻ってくる

いま考えている太郎と花子というふたつのシステムは、閉じたフィードバックの輪でつながっている。太郎が発信した過去の情報が花子の情報と統合されて、ふたたび太郎システムにもどってきているから話は少々ややこしいが、よく考えればそう難しいことはない。太郎システムは引きつづき情報を発信しているが、花子システムからもどってきた情報を受け入れ、以前から太郎が発信している情報と混じり合い、相互作用することになる。

したがってその時の太郎システムの状態は、自らの初期情報→花子へ伝達された経緯→花子がそれを受けて発信した情報→それが太郎に伝達された経緯→ふたたび太郎がその情報を受けて相互作用した（混ざり合った）結果が反映されたものになる。こうして、太郎システムは改変されていく。あるいは更新されていくといってもいいだろう。

太郎システムが発信する情報は常に、それまでの経緯がすべて含まれたものとなる。過去の情報が統合されたその情報を花子が受け、それによって花子システムも改変・更新される。そして、同じことが延々とくり返される。ふたつのシステムが閉じた輪の形でお互いに情報をやり取りしているかぎり、時とともにその情報は改変・更新される。「シュワルツの仮説」ではそのようにとらえるのである。

要するに、**「ふたつのシステムがあたかも共鳴するふたつの音叉のように情報のやり取りをしているとき、一方のシステムにもどってくる情報は、それ自身の過去の情報が他方のシステムによって解釈され改変された情報になる」**ということだ。そういう現象が、ふたつのシステムが情報をやり取りするあいだ永遠に続くのだ。

妖精たちのキャッチボール

これをイメージ的に説明してみよう。ふたりのかわいい妖精がキャッチボールをしている様子を想像していただきたい。一人は全身がひまわりの花のように鮮やかな黄色に発光している。そしてもう一人は全身が快晴の空の色、まっ青に発光している。彼らは妖精なので投げ合っている球もふつうのものではない。ゼリーのようにプリンプリンしているが、発光していて、捕球するとポンという無機質な音がする。

はじめは黄色い妖精がその球をもっているので、それは鮮やかな黄色に発光している。それを黄色い妖精が青色の妖精に向かって投げる。黄色い球はふたりの妖精の間の空間を飛び、すぐにそれを青い妖精がキャッチする。キャッチした球は黄色い妖精の黄色い精がぎっしりと詰まっている。それは黄色い妖精の状態を表した情報エネルギーである。

ポンという音とともに青色の妖精の手におさまった球は、青色の妖精の体色にすこし染まって、ほんのすこし変化する。それとともに、青色の妖精の手は少し黄色くなる。その手で青色の妖精は、球を黄色い妖精に向かって投げる。その球には青色の妖精の色がごく微量混じっているので、色彩感覚の鋭い人には、ちょっと緑がかかっているかもしれないと感じる。

その球をポンと受けた黄色い妖精は、その球にごくわずか混入した青色の妖精の青い精を感じる。それは青い妖精から送られた情報エネルギーである。しかしその球に含まれているものはほとんどが、自分が前回青い妖精に向かって送った自分自身の黄色い情報エネルギーである。そして黄色い妖精はふたたびその球を黄色い精で染めて、青い妖精に向かって投げる。その球にごくわずか含まれた青い精は消えてはいないが、ふたたび黄色い精に染められたため、色彩感覚の鋭い人でも、今度はその色は見えないかもしれない。

ふたたび青い妖精がその球をキャッチする。そしてその球にまた少し青い精が混入される。それは青い妖精の情報エネルギーだが、それは前回の情報エネルギーとほんのわずかに違っている。前回黄色い妖精から送られた黄色い球の情報がほんのわずかに混入したものだ。

しかし、このキャッチボールを延々と続けていくとどういうことになるか。そう、もうおわかりいただけたと思うが、この球は鮮やかな緑色に変わってしまうのである。しかも、黄色い妖精も青い妖精も姿を消している。彼らも鮮やかな緑色の妖精に姿を変えているのだ。つまり、キャッチボールを通じてお互いの妖精の情報エネルギーをやり取りしているうちに、それらはお互いの情報を半々に共有した状態に変化してしまうというわけだ。そう、黄色と青の絵の具を半々に混ぜ合わせると、緑色に変わるように……。

ここでは、ふたりの妖精は情報をお互いにやり取りするシステムであり、それは情報のやり取りのうちに自らお互いのシステムを変えていく。そこでこのように相互作用しているシステム全体をとくに「自己改変システム」と呼ぶ。

「動的システム記憶」と、宇宙の「輪になった因果性」

さて、このようにふたつのシステムがお互いに情報をやり取りする現象で、シュワルツとルセックはさらに重要な概念を持ち出している。それは何かというと、このようなシステムでやり取りされている情報が、「〃動的〃システム記憶」として、そのシステムに記憶されるというものだ。なぜ動的というかといえば、常にその情報はやり取りされ、動いているからである。そういう動的な情報は、しかしそのシステムが動いているかぎり消えることはない。それはそのシステムに保存された記憶のようなものだ。ということで、彼らはそれを「動的システム記憶」と名づけたのである。

さらにシュワルツとルセックは、前述したようにふたつのシステムが閉じた輪になって情報をやり取りしているようなことが、この宇宙のミクロの世界からマクロの世界にいたるまであらゆる階層において、根源的な現象として起こっているのではないかと考えた。そして、そのような現象作用を**「再発するフィードバック作用」**と呼び、その一連の過程を**「輪になった因果性」**と呼んだ。つまり、一方が他方へ影響を及ぼし、そのことがまた他方から及ぼされる影響として返ってくる。そしてそれが延々と続くというわけである。

そのような現象があらゆるところで起こっていることによって、私たちが日頃目にし、感じる世界が成り立っている。彼らはそう考えた。物質還元論者たちはこの世の現象をすべて物質の現象に還元してとらえたが、シュワルツとルセックはこの世界を、「輪になった因果性」をもつ根源的なユニットによってとらえようとしているのだ。

私がおもしろいと思うのは、このユニットを形づくっているふたつのシステムの間の空間は、空っぽではないと彼らが考えている点である。当然といえば当然なのだが、その空間はやり取りされている情報とエネルギーの流れで満たされていると彼らはいう。前に述べた妖精たちのキャッチボールに当てはめれば、その情報とエネルギーの流れは、ふたりの妖精が投げ合っている球がそれにあたる。それはまた死後の意識生存問題の解明につながってゆくのだが、詳しいことはあとのお楽しみにとっておき、私たちの身近な「情報をやり取りするふたつのシステム」をもうすこし紹介しておこう。

仲のよい恋人や夫婦はなぜ似ているのか?

仲のよい恋人はまさに「情報をやり取りするふたつのシステム」である。私は常日頃から、仲のよい恋人たちがとてもよく似ていることが不思議でならなかった。彼らの雰囲気がお互いにとてもよく似ているのだ。まわりにいる知り合いの女性と男性を見ていて、とても雰囲気が似ているなと思っていると、すでに相思相愛の恋人どうしになっており、何度もデートを重ねていたりする。やがて彼らから結婚の知らせを受ける。あなたはそんな経験をしたことはないだろうか。ふたりがお互いに心の底から相手を愛するうちに、お互いが心身ともにすべて相手の色に染められていく。そしていつしか自分のしぐさや身体全体から発する雰囲気、表情までもが相手に似てしまうのだ。

男女が愛し合うようになるということは、そのふたりがもともとよく似ていたからなのかもしれない。一人の人間という存在は、全体としてひとつのシステムだといえる。つまり恋人どうしは、前述の音叉の例のように、ポンとたたくと同じ音で振動し始めるふたつのシステムとみることができる。だからふたつのシステムが近づくと共鳴し始める。それが恋に落ちるということだ。また、システムが共鳴しているということは、ふたつのシステムが一体になっているとみることができるのだから、ふたりはさらに似てくる。

また、第4章（一七六ページ以降）で紹介するポール・ピアソール博士は、恋人たちがお互いを見つめ合うとき、ふたりの間には情報エネルギーが流れているという。お互いに相手の目から発せられるエネルギーを吸収し、その情報エネルギーは心臓から脈打ちながら全身を循環し、お互いに相手の情報を全身の細胞に蓄積するのではないかという。とても興味深い考え方だと思う。

恋人どうしよりも夫婦の方がもっと似ている。兄弟でもなく、もちろん血のつながりもないふたりなのに、まるで兄弟のようにそっくりだと感じる夫婦をよく見かける。仲良く一緒に暮らしている夫婦は、どちらかが出かけていないかぎり毎日一緒に暮らしている。毎日いろいろなことを話し、同じものを食べ、夫婦の交歓をし、苦楽をともにする。

だから夫婦は恋人どうしが共鳴しているシステムよりも、さらに一体となったシステムとみることができる。そのシステムは毎日一緒に暮らすということで、非常に多くの情報をお互いにやり取りしている。子供についていろいろと話す。それは情報のやり取りである。セックスをするというのも一種の情報エネルギーのやり取りかもしれない。人間は体温、つまり熱エネルギーをもっている。だから抱き合うことはお互いの体温を交換することでもある。

長い間、一緒に暮らしてきた結果、仲のよい夫婦は性格や癖まで似てしまっている。それはお互いに性格や癖という情報を出し合って、それを常に交換し合う間に、それらが夫婦というひとつの全体のシステムに一種の記憶のように蓄積してしまっているからに違いない。

気功などでいわれるように人間はそれぞれ自分の「気」をもっている。一緒に暮らしているとその「気」もお互いに混じり合うのではないだろうか。「気」が何であるかは別にして、人間はその人全体を包む雰囲気という情報をもっているというのはたしかだろう。それらの情報を長い間交換し合うと、結婚する前とは違った人間に変わったとしても不思議はない。夫婦とは、まさに情報を交換し合って自己改変していくシステムなのだ。

余談ではあるが、体型の違ったふたりが結婚してしばらくすると、体型まで似てしまうことがある。だから、ちょっと太めの女性は、かなりやせた男性と結婚する方がよいのかもしれない。シュワルツの理論からすれば、結婚後の各種情報交換によって、ふたりとも理想的な体型になっていくはずだから……。

それではいつも喧嘩ばかりして離婚寸前の夫婦はどうだろう。それはお互いに不満や怒りという情報を交換し合いながら、振動しているシステムとみることもできる。不幸にして彼らが離婚してしまったら、それは自己破壊システムとでもいえばいいのだろうか。恋人たるもの、そして夫婦たるもの、願わくばお互いに幸福になっていく自己改変システムでありたいものだ。

自己改変システムとしての「ソウルメイト」（魂の伴侶）

一部の人たちの間で信じられている、「魂の恋人」や「運命の人」ともいわれる「ソウルメイト」という考え方がある。少々科学の枠からそれるが、これは恋人や夫婦の自己改変システムをもうひとつの角度から説明するのに都合がいい。

ソウルメイトとは、私たちにとって究極の愛を実現する相手のことだ。私たちの魂は、もともと完全で統合されたひとつのものだった。ところがこの世に生まれ出てくるために男性の魂と女性の魂に別れて、それぞれ男性と女性の肉体をもった。だからこの世で男性は失われた自分の魂の片割れ（女性の魂）を求め、同じように女性は自分の魂の片割れ（男性の魂）を求める。そして自分の魂の片割れの魂をもつ人がソウルメイト。そう考えるわけだ。

とてもロマンティックな考え方なので、ソウルメイトはいくつかの映画に取り上げられている。たとえば『オンリー・ユー』では、女優マリサ・トメイと男優ロバート・ダウニー・ジュニアがほほえましいソウルメイト役を演じている。結婚相手を必死で捜す女性が、ソウルメイトと思いこんだ人を飛行機でどこまでも追いかけていくという話だ。ラブコメディーなので既婚者たちには気楽に笑えてストレス発散になるかもしれないが、ソウルメイトと結婚して限りない幸せを得るというハッピーエンドは、これから結婚したい人たちには魅力に違いない。

本当のソウルメイトと出会って結婚し、暮らし始めると、ふたつの魂は溶け合い、まるでふたりでひとつの生命のようになる。そして、お互いがお互いの存在なしではあり得ず、この世とも思えない至福の愛を体験する。これをもっとも理想的なソウルメイトとし、「ツイン・ソウル」あるいは「双子のような魂」と呼ぶ。ツイン・ソウルは運命の赤い糸とでもいうべきものでつながっているので、人生のなかで必ず出会い、ふたりは幸せになるのだろう。

ソウルメイトの考え方のなかには、人の魂が生まれ変わりをくり返し、過去世において特別の関係をもっていた魂たちがいるというものがある。そういう魂との関係は無意識の心のなかに記憶されているので、現世においてもひかれ合うというわけだ。そしてそういう存在もソウルメイトであるという。国際ニューサイエンス協会の元ディレクター、ロバート・シブレルドは『魂の科学』（*The Science of the Soul*）で、アメリカ人のなんと二十三パーセント（約四人に一人）が生まれ変わりを信じていると述べている。この数字は一九八二年の調査によるものだが、欧米人で生まれ変わりを信じる人の割合はその後増えているといわれている。だからソウルメイトという考え方も多くの人たちに受け入れられるのだろう。

ソウルメイトにはいくつかの種類があって、そのなかに「カルマ的ソウルメイト」という考え方がある。前世からの問題をお互いに持ち越してきているため、運命的に出会って、この世でその問題を精算する関係が、このソウルメイトであるという。そして彼らの現世での関係は苦しいことも多いという。たとえば不倫の恋で悩むとか、お互いに傷つけ合って暮らすようなことになるといった具合に。過去世におけるその人との特別な関係が、現世での人生に再現されるからだ。

そんなバカな！　と一笑に付す人もいるだろう。しかしながら、ソウルメイトの考え方で優れているところは、前世で解決できなかった問題を現世で解決するために、ふたりの魂がふたたび出会うとする点ではないだろうか。ふたりでひとつのシステムをつくって暮らしていた魂のカップルに前世で何か問題が生じた。そこでその問題を解決するために現世でも出会って暮らし始める。つまり、前世でいったん破綻《はたん》した自己改変システムが現世でふたたび輪になった因果性をもつシステムを形成し、自己改変をくり返して幸せになっていくと考えるのである。そして、行き着く先はツイン・ソウルなのだろうか。

ソウルメイトが本当に存在するかどうかはわからない。しかしその考え方のなかには、幸せを求める異性どうしが出会って本当に幸せになりたいという私たち人間の切実な願いが込められているのだろう。シュワルツとルセックが考えるように、この世界が「輪になった因果性」をもつ根源的なユニットによって成り立っているならば、そのユニットの生み出すポジティブな現象によって、私たちはツイン・ソウルのような至福の愛を得ることができると思いたいものだ。

ちなみにソウルメイトを感性豊かに歌いあげた歌がある。中島みゆきのアルバム「36・5℃」におさめられた「HALF」だ。お互いの魂が半分ずつで、ふたつ合わせてひとつの魂であるということから「HALF」(=半分)というのだろう。この曲に歌われているように、初めて出会ったときからとてもなつかしい気がする人に、あなたは出会ったことがあるだろうか。

同調するふたつの振り子時計――ホイヘンスの発見

次に、自己改変システムとしてのふたつの振り子時計の話をしよう。振り子時計は、むかし、オランダの偉大な天文学者クリスティアン・ホイヘンスが発明したものだ。彼はかの有名なガリレオ・ガリレイととても縁が深い。彼がガリレオの発見のさらに先を行ったからだ。

たとえばガリレオが自分の望遠鏡で土星を観察していて、なにやら土星の両側に奇妙な突起物があるのを発見した。しかし、観察しているうちにその突起物が消えてしまったためガリレオはなぜだろうと思い悩んでいた。ところがそこへ狂信的な宗教家が現れて、その突起物はガリレオの望遠鏡が幻覚をつくり出すのだと強烈に彼を攻めたてた。ガリレオはたまらなくなって二度と土星を観察しなくなってしまった。

それから四十三年後の一六五五年、ホイヘンスは、哲学者で光学機器にも通じていたベネディクト・スピノザの協力を得て望遠鏡のレンズを磨く新しい方法を発見した。そしてつくった望遠鏡で翌年、土星を観察し、その美しい輪を発見したのである。

また、ホイヘンスはガリレオが発見していた振り子の等時性を応用して、振り子時計を発明した。一六五六年のことだ。振り子の等時性とは、振り子の周期が同じになるという性質である。ホイヘンスはそれを時計に応用した。それまでの時計は、一時間を大まかに分割して時を告げる程度の精度しかなかったが、ホイヘンスの発明した振り子時計は、分単位以上に細かく時を知らせることができる精度をもつ革命的な時計となったのである。

ホイヘンスの発明したこの時計は、後年、グランドファーザーズ・クロック、つまりおじいさんの時計と呼ばれるようになった。

さて、それから九年後のある日、ホイヘンスは体調を崩してベッドに寝ていた。ところが彼はふと自分でつくって壁に掛けていたふたつの振り子時計を見て、奇妙なことに気づいた。ふたつの振り子が完全に同調していたのだ。一方の振り子が右に振り切れていればもう一方の振り子も右に振り切れており、左に行けばもう一方も左にと……。不思議に思って彼は数時間ふたつの振り子を観察した。しかし、いつまでたってもその振れ方はそろっていた。

そこで彼はわざと一方の振り子の振れ方をずらしてみた。しかし、三十分としないうちにふたつの振り子はまた完全に同調したのである。彼は考えた。ふたつの時計はなんらかの形で相互に影響し合っているに違いない。たとえば微妙な空気の振動、あるいは壁のわずかな揺れなどによって。優れた科学者というものは思いついたらすぐに実験して試してみるところがすごい。彼はすぐに一方の時計を部屋の反対側に掛けてみた。案の定、ふたつの振り子は同調しなくなったのだ。

この発見は、数学に「結合振動子理論」というまったく新しい分野を築かせることになるのだが、振り子時計をふたつ並べて壁に掛けておくと、その振り子はそろう。あなたの家に振り子時計がふたつあったら、それを並べて壁に掛けてみていただきたい。きっと振り子はそろうに違いない。この現象はふたつの時計が互いに振動などの情報をやり取りする結果、自己改変して起こるものだ。これはまさに「自己改変システム」である。

大きなのっぽの古時計にまつわる不思議な話

ところで、「大きな古時計」という歌がある。NHKの「みんなのうた」で四十年ほど前に放映されてからひろく国民に親しまれるようになり、最近では平井堅さんが歌うCDも発売され人気を呼んでいる。童謡集にも必ずといっていいほど収録されている歌だが、元はといえば一八七六年にアメリカの有名な作曲家ヘンリー・クレイ・ワークによってつくられ、発表されたものである。おじいさんの大きなのっぽの古時計が、おじいさんが天国へ昇ったときから動かなくなったという寓話を歌にしたものだ。小さい子供たちが意味をあまり理解せずに歌うにしてはちょっと悲しいが、この世に生きるものには必ず「死」があることを、子供たちが実感できる機会となるのかもしれない。

この大きな古時計（柱時計）は、振り子時計である。壁にぴったりとくっついているに違いないから、ふたつ並べてあればおそらくふたつの振り子はそろうだろう。しかし、この古時計と、おじいさんの人生の振り子が、そろっていたとすると少々無気味だ。実は、この歌の誕生にまつわる秘話があったのだ。

ワークは一八七四年、劇場公演のツアーに参加するためイギリスのピアースブリッジという片田舎にある古いホテルに泊まった。そのホテルはジョージホテルという名前で、旅人たちが疲れを癒すためによく利用していたという。ワークはそのホテルのロビーで十一時五分をさして止まっている大きな柱時計を見て、なぜこんなものが置いてあるのだろうと疑問に思った。そして、ホテルの主人に聞いてみたのである。すると主人は次のようなエピソードを語り始めた。

このホテルは以前ジェンキンスというふたりの兄弟によって所有されていた。ロビーには兄のジェンキンスさんが生まれた日に買ったという、背丈二メートルを超えるこの木製の時計が置かれていた。それは正確な時計で、ある日までは時を示すその針は狂ったことがなかった。ところが弟のジェンキンスさんがある日突然病に倒れこの世を去ってしまった。それからのことだ、この時計が遅れ始めたのは。初めは数日で一分程度、それから一日に一分、さらに一日に数分と、遅れ始めたのである。時計修理職人が呼ばれ、なんとか直そうとするのだが、手に負えなかった。それから間もなくして、お兄さんも亡くなってしまった。驚いたことに彼が亡くなった十一時五分を指したまま、その時計は止まり、二度と動くことはなかったのである。その後ホテルの新しい所有者がその時計を修理しようとしたが、やはりどうしても動かなかった。

この話にワークはインスピレーションを受け、「大きな古時計」の歌をつくったのである。自分の祖父が生まれたときに買った大きな時計が、祖父が亡くなったときに動かなくなったという寓話に仕立てた。一説によると、ワークはジョージホテルでその晩、一睡もせず、一気に書きあげたという。原題は「グランドファーザーズ・クロック」、つまりおじいさんの時計である。この歌が大ヒットし、それがきっかけで、この種の時計を人々はグランドファーザーズ・クロックと呼ぶようになった。日本語の訳詞ではおじいさんは百歳で亡くなるのだが、原詞では九十歳である。ジェンキンスさんが亡くなったのと同じ年の設定だ。

アメリカ・マサチューセッツ州クランビーにあるワークゆかりの家に、彼が生前ジョージホテルからわざわざ取り寄せたという古時計が今も大切に保存されているという。一方で、現在もジョージホテルにはその古時計があるという話もあって、どちらがワークの見たほんものの古時計かはわからない。しかし、ジェンキンス兄弟に関するエピソードはほんもののようだ。だとすると、そこには単なる偶然の一致ですまされないものがありそうだ。大きな古時計の振り子とジェンキンス兄弟の人生の鼓動がまるで同調していたかのようではないか。もしかするとこの古時計とジェンキンス兄弟は、なんらかの情報をやり取りするひとつのシステムを形成していたのではないか。「シュワルツの仮説」を研究していると、ついそんな目で見てしまう。

さて、この辺までは穏当で、ほほえましくもあり、さして驚くことはないかもしれない。しかし私が驚いたのは、シュワルツが「情報をやり取りするふたつのシステム」をさらに一般化し、自然界にひろく存在する物質の生成過程にもこの仮説を適用していることだ。たとえば水という物質。化学式H_2Oが示す通り、水は水素原子と酸素原子とでできている。私たち生命にとってなくてはならないこの水はどのようにしてできたのか。シュワルツはきわめてユニークな考え方を展開する。次に解説しよう。

水の生成も「シュワルツの仮説」で説明できる

読者諸氏は、水などの物質をふくめ原子や分子など、この世に存在する物質がみな極微の世界で振動しているということをご存じであろうか。実際、物質は振動しているのである。この認識が科学の世界に初めて理論的に登場したのは一九二三年のことである。フランス名門の貴公子ルイ・ド・ブローイは、物質にはそれに付随した波、つまり物質波が必ずあるとして、簡潔な方程式でその波の波長を表したのだ。

少々難しいかもしれないが、その方程式によると、「物質波の波長は粒子の運動量の逆数に比例する」ということになる。運動量というのは質量と速度を掛け合わせたものだから、単純に「粒子の質量が大きくなれば、物質波の波長は短くなる」と思ってさしつかえない。つまり粒子が大きければ大きいほどその物質波の波長は短く、粒子が小さければ小さいほどその物質波の波長は長いということだ。

たとえば野球のボールのようなものにも物質波はあるが、その波長は無視できるほど小さい。しかし、素粒子や電子というように非常に小さいものの物質波の波長は無視できないほど大きいということになる。それで電子などの微小物質は波としての特徴をもっているわけである。後にこのことが実験により明らかにされ、ブローイは一九二九年ノーベル物理学賞を受賞している。

一方、その頃までは原子は太陽系のように、原子核が太陽、電子はそのまわりをまわる惑星のようになっていると考えられていた。そして原子も電子もかたい物質であると考えられていた。これをボーアの惑星モデルという。そこに登場したのがオーストリアの物理学者エルヴィン・シュレディンガーである。彼はブローイの発見に刺激されて、電子は球状のかたい物質ではなく、波のパターンではないかという仮説を立てたのである。そして、電子のもつ波長の整数倍に、それぞれの軌道が広がっていると考えた。

そう考えると、惑星モデルでは解決しなかった様々なことが理論的に理解できるようになった。そしてシュレディンガーはここから波動力学と呼ばれる新しい物理学を発展させ、一九三三年にノーベル物理学賞が与えられたのである。

彼ら天才科学者たちの教えるところ、それは、物質（原子）は振動しているということだ。そこで、シュワルツは、振動する物質をひとつのシステムと見なし、そのシステムどうしが相互作用すると考えた。前述したように、振動するふたつの音叉（太郎システムと花子システム）が相互作用するように、である。その相互作用によって、新たなシステムが生まれる。彼はそう考えるのだ。

そこで、水という物質はどのようにできたのか。水は水素と酸素とからなる。そこで彼は、水という物質は、水素ガスというシステムと酸素ガスというシステムがそれぞれ振動しながら相互作用した結果できたものと考えるのである。実際の化学反応では、ふたつの水素原子とひとつの酸素原子でひとつの水分子になることになっているから、水素ガスと酸素ガスのふたつの振動するシステムの相互作用というように単純化できないかもしれない。しかし水が生成される反応に「シュワルツの仮説」を当てはめると、ごくふつうの化学反応にも次の四つのことがいえることになる。

一、水素ガスと酸素ガスというふたつのシステムが相互作用した結果、水という、統合されたひとつのシステムに自己改変される。

二、その相互作用の過程で、ふたつのシステムは情報エネルギーをやり取りしている。

三、この相互作用の結果、「動的システム記憶」がつくられる。それは水という物質の記憶ともいえるものである。（第3章参照）

四、水という物質の生成反応は、宇宙の根源的な現象として起こった「再発するフィードバック作用」の一例であり、その一連の過程に「輪になった因果性」がある。

このように考えると、この世界に存在する実に多くの物質が同様な過程によってつくられたということになり、実に興味深い。

四つの力を生み出す素粒子たち

自然界に存在する力は、作用するものの間で、ある粒子をキャッチボールすることによって発生している。これは「場の量子論」で明らかにされていることだ。場の量子論とは、ミクロの世界をあつかう「量子力学」の発想に「場」の概念を持ち込んだ理論で、現時点で人類が到達しえたもっとも最先端の物理学のひとつだ。この理論によって、光や、電子と原子核からできているすべての物質を共通に論ずることができる。また、自然界のもっとも根本的な原理を明らかにすることができる。その根本原理とは、すべての自然現象は、粒子を放出したり吸収したりすることによって起こっているということ。そして、ふたつのものの間でお互いに粒子を交換し合うという現象が起こると、そのものの間に力が生ずるということである。ここに「シュワルツの仮説」を適用することができるのだ。

物理学の教科書や素粒子の本をひもとくと必ず出ているように、自然界に存在する力は現在のところ、「重力」「電磁気力」「強い力」「弱い力」の四種類だけだとされている。これらの力は皆、ゲージ粒子と呼ばれる素粒子をやり取りすることによって発生するのである。素粒子とは、あらゆる物質の素《もと》になっている微小粒子のことで、大別すると三種類になる。陽子や中性子、中間子など原子核を構成する粒子の仲間であるハドロン、電子などの仲間であるレプトン、そして光などのゲージ粒子である。この三番目の仲間に入るゲージ粒子が、自然界にある力を媒介しているのだ。

重力は「グラビトン」の交換によって生じる

まず、重力についてみてみよう。ご承知の通り、重力はニュートンが発見した万有引力のことで、あらゆる物質の間で働くものだ。この力があるからリンゴが木から地面に落ちるし、地球をはじめとする太陽系の惑星が太陽のまわりを回ることができ、月が地球のまわりを回ることができる。しかし、重力は四つの力のなかでもっとも弱い。たとえば、重力は原子核のなかにある陽子どうしの間でも働いているが、ミクロの世界ではほとんど無視してもかまわないほど弱い。四つの力のなかでもっとも弱いのである。しかし質量が大きくなればなるほど及ぼすことのできる力は強くなる。また、どんなに遠くても到達することができるという特徴がある。

このような重力がなぜ物体の間で働くのかというと、実は重力が作用し合っている物体の間で、グラビトン（重力子）という素粒子が行ったり来たりしていることによるとされているのだ。たとえば地球と月の間で引力が働くのは、地球と月がグラビトンをあたかもキャッチボールするように交換し合っているからであるという。しかしながら、このグラビトンは現在までのところ観測するのに成功していないため、その存在が正式に認められたわけではない。一九五九年にイギリスの物理学者ディラックによって、重力はグラビトンによってつくられる量子的な存在であるという仮説が出されたことにより理論的考察が進み、場の量子論により現在ではその存在はほぼ確かであろうとされている。問題はそれがいつどのような形で発見されるかだ。

他の三つの力はそれぞれどんな粒子がその力を媒介するのか突き止められ、観測もされているので、その存在に疑問をさしはさむ余地はない。また、それにより「シュワルツの仮説」による解釈もいっそう現実味をおびてくる。

電磁気力は「フォトン」(光子)の交換によって生じる

電磁気力とは、電気力と磁気力のことである。

電気力には、電荷をおびたものの間に働く力——つまり、反対の電荷(プラスとマイナス)をおびたものの間に働く「引力」と、同じ電荷(プラスとプラス、マイナスとマイナス)をおびたものの間に働く「反発力」のふたつがある。

磁気力は電荷をもった粒子が運動することで生まれる力で、たとえば磁石のN極とS極がくっついたり、同じ極どうしが反発したりするのがこの力である。マイナスの電荷をもつ電子が、原子のなかで動くとそこに磁気力が生まれ、微小の磁石となる。それを数多く集めて極の向きをそろえると、大きな磁石になる。それが日頃よく見る磁石である。

昨年のお正月（二〇〇二年一月三日）、たけしの「平成教育委員会」（フジテレビ）という番組では、スプーンを磁石でこすると、スプーンが磁石になるということを紹介していた。スプーンの材質の金属には分子磁石がバラバラの方向で入っているから、ふつうは磁石にはならない。しかし磁石でこすると、その分子磁石が一定の方向にそろうのでスプーンは磁石になる。この番組ではそのスプーンの磁力をなくすにはどうしたらいいかという問題を出していた。正解は、スプーンを大きな石に何度もたたきつけて分子磁石の方向をもとのようにバラバラにすればいいというものだった。

電気力と磁気力はイギリスの物理学者マクスウェルによって一つの法則にまとめられ、電場と磁場が波のように振動して空間を光の速度で伝わっていくことが示された。それを電磁波というが、実は場の量子論により、電磁波は無数のフォトンの集団であることが分ったのである。フォトンとは光の粒子のことで、「光子」とも呼ばれている。それは光なので、その集団である電磁波は当然のことながら光の速度で空間を伝わっていく。逆にいえば、私たちが日常見ている光は電磁波であるということだ。

さらに場の量子論は、「電磁気力は、フォトンの交換によって生じる」ということを導き出した。これはたいへんな発見だと私は思うのだが、ふたつの粒子の間に電磁気力がはたらくのは、ふたつの粒子がお互いにフォトンをキャッチボールすることによるのである。

そうすることで、なぜ力が働くのか？　まず、すべてのシステムは、エネルギーが少ない状態に変化するという原則がある。一方、ふたつの粒子が近いほどフォトンの交換が頻繁に起こるという原則もある。これらの原則により、ふたつの粒子間に働く力を理解することができるのだ。

そこで、ふたつの粒子の電荷が逆の場合（プラスとマイナスの場合）を考えてみよう。この時は、フォトンが交換される方が交換されない場合よりふたつの粒子全体のエネルギーが小さい。だからふたつの粒子はお互いに近づいてもっとフォトンを交換し、さらにふたつの粒子全体としてのエネルギーを少なくしようとする。それで、ふたつの粒子の間にお互いに引っぱり合う力が働く。

また、ふたつの粒子の電荷が同じ場合（プラスとプラス、またはマイナスとマイナスの場合）は、フォトンの交換によって全体のエネルギーは逆に大きくなる。ふたつの粒子が近づけばフォトンの交換が頻繁に起こって、さらにエネルギーが大きくなってしまう。そこで、ふたつの粒子はできるだけ遠ざかってフォトンの交換が起こらないようにふるまう。つまり、ふたつの粒子の間にはお互いに反発する力が働くというわけだ。

世界を見る目を変えるフォトン交換――音楽はフォトンたちの踊り

電磁気力がフォトンの交換によって起こることは、もう何十年も前にわかっていたことだが、私は本書を執筆していてその意味の重大性に初めて気づき、世界を見る目が変わる思いがした。電磁気力は私たちの生活にとくになじみ深いものだからだ。たとえば、ホワイトボードなどに紙のメモを貼りつけたい場合、私たちはよくマグネットのクリップを使う。そのクリップがホワイトボードにぴったり貼りつくのは、クリップの磁石がホワイトボードの鉄にくっつくからだが、それはクリップの磁石とホワイトボードの鉄の間で、フォトンが頻繁に行ったり来たりしているからなのだ。私たちの目には見えないが……。

私は今軽いBGMを聴きながらこの原稿を書いているが、その音楽はスピーカーが振動することによって、私の耳に聞こえている。そのスピーカーがCDに書き込まれた音楽情報を再現しているからだ。どうやって再現しているかというと、スピーカーに組み込まれたマグネットとコイルの間で電磁気力を発生させていることによる。その電磁気力によりスピーカーが振動し、CDに書き込まれた音楽が再現されるのだ。しかし、スピーカーは音楽を発生させているばかりではない。電磁気力が発生しているということは、そこにフォトンが飛びかっているのだ。私たちの目には見えないが、スピーカーの奥で、フォトンたちは音楽に合わせて踊っている。

自然界の様々な分子の化学反応についても同様なことがいえる。いろいろな分子が結合したり分解したりするときは、多くの場合、分子の荷電《かでん》状態がものをいう。たとえば塩の結晶は、プラスに帯電したナトリウムと、マイナスに帯電した塩素がくっついてできる。プラスに帯電《たいでん》した水素とマイナスに帯電した水酸基《すいさんき》が出会えば水という分子になる。そう考えると、私たちの身体のなかの生化学反応もほとんどが分子の荷電によって起こっているといっても過言ではない。

私たちが食事によって取り入れた様々な食物を分解して栄養にするため、身体のなかではいろいろな生化学反応が起こっているが、その反応のほとんどは分子間にはたらく電磁気力によって起こっている。つまり、私たちの身体のなかで起こっている生化学反応をふくめ、自然界の多くの化学反応はフォトンの交換によって起こっているのである。

さらに私たちの身体のなかで発生している電磁気力に、とくに興味深いものがふたつある。ひとつは血液の流れによって発生している磁気だ。血液のなかには帯電した多くの分子が含まれており、それが血管を流れることによって、そのまわりに磁気が発生している。なかでも心臓から発生している磁気はとりわけ強く、地磁気の百万分の一にもなるという。シュワルツはここに注目して、「心臓は記憶する」という理論を発展させているのだが、この点については第4章で詳しく述べたい。

ふたつ目は、脳神経活動にともなって磁気が発生している点だ。この磁気は地磁気の約五十億分の一と弱いが、私たちの意識活動や心といったものが何なのかを追求するうえで、大きな手がかりになるかもしれない。神経活動によって発生する磁気には二種類あるとされている。ひとつは神経の自発的活動にともなって発生しているもの、もうひとつは外界からの刺激にともなって発生するものだ。これらも電磁波なので、フォトンの集合体である。

このように、フォトンは、自然界にひろく存在する電磁気力と密接に関係する。そして第2章で解説するが、「シュワルツの仮説」のキーになるものでもある。

「強い力」は「グルーオン」の交換によって生まれる——それは私たちの存在の証

残るふたつの力の成り立ちについては、少々難しいところがあって、素粒子に関する解説書を何冊か読んでも、一般人には奥が深くて難解なところがある。しかしそれらの解説書で私が理解した範囲で説明をしてみよう。

まず、「強い力」とは、原子核を構成している粒子である陽子や中性子を結合させている強大な力のことである。そしてその力は、「グルーオン」と呼ばれる、「色（カラー）」という一種の電荷をもった粒子が媒介している。そのカラーには「赤」「青」「緑」、そしてこれらの色の補色、つまり「反赤」「反青」「反緑」がある。

陽子や中性子は、物質の基本的な構成要素のひとつである素粒子クォークでできているから、「強い力」は、そのクォークを結合させている力ということができる。そして、この強い力により、陽子や中性子が原子核のなかにおさまっていることができる。しかしこの力の作用する範囲はきわめて狭く、一兆分の一ミリという距離のなかでしか働かない。太陽のなかでは水素がヘリウムに変わる核融合反応が起こってエネルギーが発生しているが、これは強い力が瞬時に解放されることで発生している。核爆発も同様にこの強い力の瞬間的解放により起こる。

この説明で、「強い力」とは何かの概略がおわかりいただけたと思うが、カラーという考え方が少しややこしい。これは、光の三原色（赤、青、緑）が合わさった場合に色が消えるので、そのイメージをクォークに持ち込んだものである。したがって、実際に素粒子に色がついているわけでもなく、ほんとうの電荷をもっているわけでもない。

それでは、陽子や中性子などがなぜ「強い力」で結びついているのか。陽子や中性子は三個のクォーク、陽子と中性子の間でキャッチボールされる中間子は二個のクォークからできている。それぞれのクォークはあるカラーをもっているが、それらのカラーが合わさると色が消える組み合わせのとき、強い力が働いて結びつくというのだ。そのクォーク間を飛び交っているのがグルーオンである。

また、これらの粒子間に「強い力」の相互作用が起こると、カラーが変わる。そして、グルーオンもカラーをもっていて、その相互作用でグルーオンを放出・吸収しながらクォークは自らのカラーを変えるという。この辺になるとなんだかキツネにつままれたような感じになる。素粒子の世界は私たちの常識や感覚では理解しがたいところがあり、それがおもしろいところでもある。

ちなみに本章冒頭の短詩は、「親和」と題して、私がもう二十年以上も前に書いたものだ。大学時代、昼休みなどに友人とよくキャッチボールをして遊んだ。その時浮かんだイメージをメモに書きとめた程度のものだが、この原稿を書いていて、私はこの短詩を思い出した。

キャッチボールをしている人は、クォークさん。やり取りしている彼らのボールには色がついている。しかも場の量子論によれば、その粒子は、ほんとうは野球のボールのようにかたい粒子ではなく、漠《ばく》とした綿のようなもので、一種の情報エネルギーみたいなものだ。前に述べた、妖精たちのキャッチボールに似ている。しかし、そこに強い力が発生している……。とすれば、このふたりは永遠にキャッチボールし続けていることになるのだが。

この強い力は、私たちの存在の証のようなものである。なぜなら、私たちは肉体をもっており、その肉体は無数の原子でできている。原子のなかにはクォークでできている陽子や中性子がおさまっており、それらはグルーオンという粒子のおかげでしっかりと接着されているからだ。自然界にある物質がすべてそうなのだが、私たちの身体も「強い力」でしっかりと結びつけられているのである。

「弱い力」は「ウィーク・ボソン」の交換によって生じる――それゆえに太陽は輝く

次に、「弱い力」だ。これは、中性子が陽子に変わったり、逆に陽子が中性子に変わったりする現象を引き起こす力である。専門用語では前者をベータ崩壊、後者を逆ベータ崩壊という。

ちょっと難しいかもしれないが、ベータ崩壊は中性子が電子とニュートリノを放出して陽子に変わる現象である。逆ベータ崩壊はこの逆で、陽子から中性子ができる時に起こる現象だ。これらの現象では、ウィーク・ボソンという粒子がやり取りされる。それによって弱い力が生まれていると考えるのだ。

「弱い力」の大きさは「強い力」の数十億分の一ときわめて小さく、その及ぶ範囲も百兆分の一ミリ以内ときわめてせまい。これは弱い力の大きな特徴だ。また、弱い力は一見、私たちの生活に関係しないだろうと感じられるが、決してそうではない。この力が存在しなかったら私たちはこの世に生まれることはできなかったのである。

太陽は私たち生命の母である。太陽が輝いて、大量のエネルギーを放出しなければ、地球上に生命は発生しなかっただろう。その太陽の輝きのもとが、弱い力なのだ。太陽のなかでは水素の原子核が核融合してヘリウムの原子核になるという現象が起こっている。その現象過程で大量のエネルギーが発生しているのだが、その現象を引き起こす最初の反応が、逆ベータ崩壊なのである。

ところで、ウィーク・ボソンのやり取りによってなぜ弱い力が発生するのかということになると、専門用語を駆使しないと説明できないし、さらに難しくなってしまうのでこれ以上は書かないことにする。しかし、とにかく宇宙の四番目の力も、粒子のやり取りによって起こっているのである。

以上説明した四つの力、重力、電磁気力、強い力、弱い力は、それぞれグラビトン、フォトン、グルーオン、そしてウィーク・ボソンというゲージ粒子のやり取りによって発生している。私は、これらのゲージ粒子はすべて「シュワルツの仮説」でいう一種の情報エネルギーではないかと思うのだ。つまり、力を及ぼし合うもの（システム）どうしでゲージ粒子という情報エネルギーをやり取りすることによって、根本的な力が発生する。またそのやり取りにより、一種の記憶のようなものが空間に蓄積されている。それは宇宙やこの自然界にあまねく存在する記憶になっている……。

ちなみに、おもしろいことがひとつあるので紹介しておこう。それは、宇宙の四つの力をひとつの理論で統一的に説明しようという努力が物理学者たちの間で行われているということだ。それはとてもエキサイティングな試みであり、物理学者たちはその動向を見つめている。統一理論として現在研究されているものには、超重力理論、超ひも理論、M理論などがある。興味のある方は解説書をお読みいただきたい。

女性の性周期は、絶妙な「情報交換システム」である

素粒子の話はこれくらいにしておき、次に私たちの身体のなかの情報交換システムについてみてみ

よう。身体のなかには、基本的にふたつの組織の間の情報交換あるいは情報伝達によって生命現象を調節しているシステムがたくさんある。私たちの身体にある調節システムは、大きく分けると自律神経によるものと、ホルモンによるものがある。そしてこのふたつが絶妙に作用し合って、私たちの生命活動を支えている。それは神わざとでもいうべき仕組みで、私たちをそのような身体に進化させた何かがあるのかもしれないと思うほどだ。

自律神経にはアクセル役の交感神経と、ブレーキ役の副交感神経とがあって、このふたつが対抗的に働いて私たちの身体を調整している。興奮したり緊張したとき、あるいは物理的な危機に直面したりストレスがかかったときは、交感神経が働いて身体の状態を変化させる。瞳孔を拡大させ、心臓の鼓動を早め、血管を収縮させる。また、胃や小腸の運動を抑制し、肝臓に貯蔵されていたグリコーゲンを分解してエネルギーを血液中に補給する。身体を臨戦態勢にするのだ。反対にゆっくりしているときやリラックスしているときは、副交感神経の働きが優位になって、瞳孔縮小、心臓の鼓動抑制、胃や小腸の運動促進、肝臓ではグリコーゲンの合成などが起こる。

このような自律神経の働きは間脳によってコントロールされている。大まかにいえば間脳は、瞳孔や心臓、胃腸や肝臓など身体の各部分と、交感神経および副交感神経によって結ばれている。そして間脳からの指令がこれらの神経によって身体の各部分に届き、各部分はその指令に従う。その指令を伝達するのは、ノルアドレナリンとアセチルコリンという神経伝達物質だ。だからこれらの物質が間脳の情報を身体の各部分に伝えているといえよう。しかしこの情報伝達は一方通行システムである。

基本的には間脳からの情報が届くだけで、その情報が届いた結果身体の各部分が反応し、その反応がふたたび間脳に届いて間脳の情報発信に影響を及ぼすということはない。

しかし、血液循環系を介しているシステムには、身体の各部分から情報がフィードバックされて、間脳の情報発信に影響を与えるものがある。脳の底にぶら下がっている小さな袋状の器官である脳下垂体は、血液循環系に各種のホルモンを分泌し、身体の生理状態をコントロールしている。それらのホルモン分泌は、脳下垂体の上にある間脳の視床下部から分泌される各種の放出促進ホルモンにコントロールされており、脳下垂体が分泌した放出促進ホルモンの作用によって身体の他の内分泌器官が放出したホルモンによって、フィードバック作用を受ける。そのすべてを説明すると長くなるので、わかりやすい月経周期のフィードバックシステムに話をしぼろう。

月経とは、ご存じの通り、約一ヵ月周期でくり返される排卵と子宮内膜からの出血の周期的な生理現象だ。次ページの図3を見ていただきたい。その図で、まず、脳下垂体前葉《ぜんよう》から分泌される、ろ胞刺激ホルモンから話を始めるとわかりやすい。

①このホルモンが血液のなかに混じって卵巣にとどくと、卵巣のなかで「ろ胞」というものが発達してくる。②するとこのろ胞は、ろ胞ホルモンを分泌し始める。これが間脳の視床下部と、脳下垂体にフィードバックして、ろ胞刺激ホルモンの分泌を抑制する。また、これと同時に黄体《おうたい》形成ホルモンの分泌を促進する。③今度は黄体形成ホルモンが脳下垂体前葉から血液に混じって卵巣に届くと、ろ胞から排卵が起こり、ろ胞は黄体に変化して、黄体ホルモンを分泌し始める。④そして、黄体ホルモン

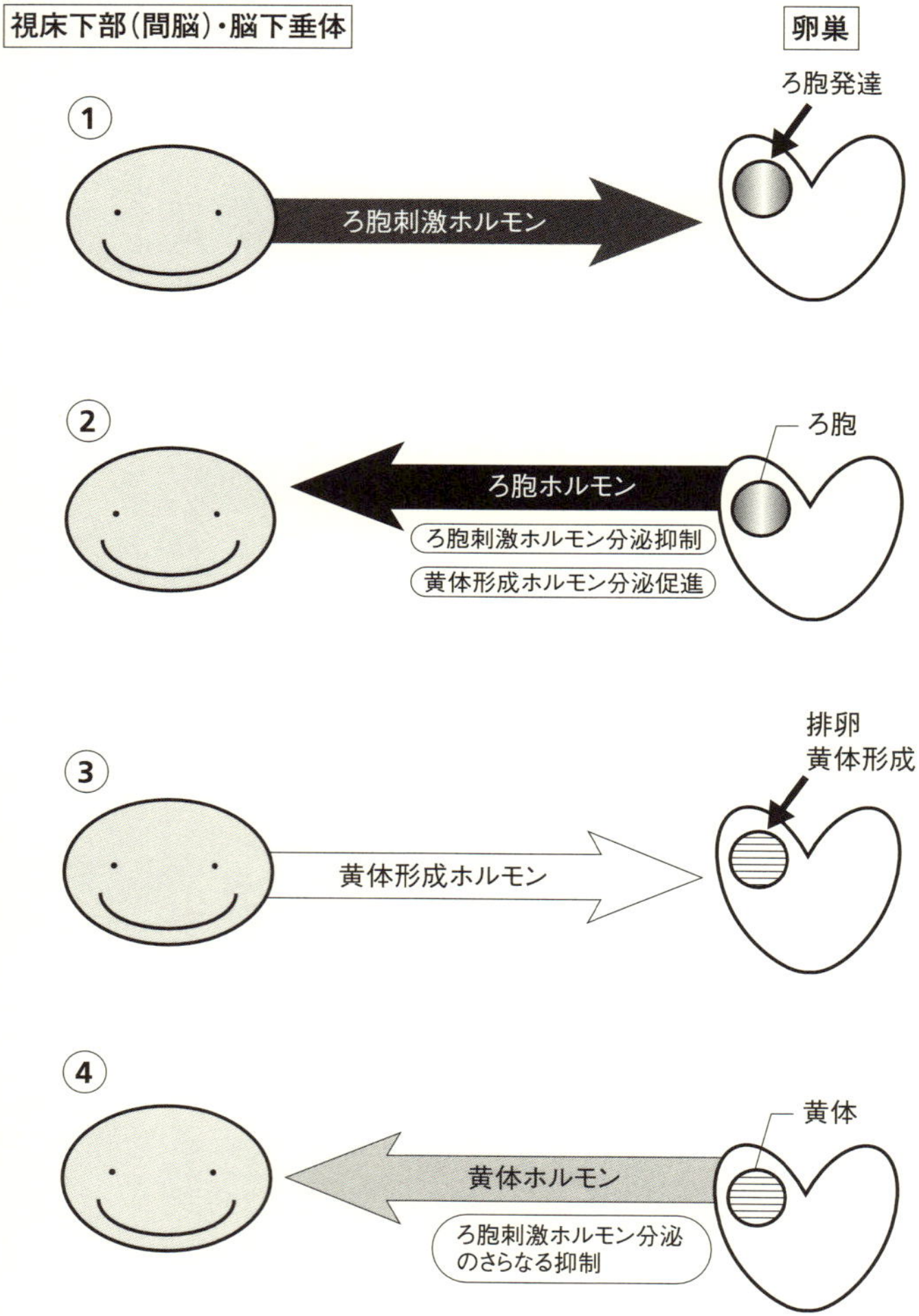

図3　性周期におけるホルモンによるフィールドバックシステム

が間脳の視床下部と、脳下垂体にフィードバックされると、ろ胞刺激ホルモンの分泌をさらに抑制する。

この間、セックスによって卵子が受精し、受精卵が子宮内膜に着床すると、黄体が大きくなり、④の黄体ホルモンの分泌は継続するので、ろ胞刺激ホルモンの分泌（①）はおさえられたままとなる。それで、次の排卵（③）は起こらない。ところが受精卵の着床がないと、黄体はやがて退化して黄体ホルモンは分泌されなくなる。すると、ろ胞刺激ホルモンの分泌抑制（④）がなくなるため、ろ胞刺激ホルモンがふたたび分泌され始める（①）。卵巣では次のろ胞が発達し、やがてまた排卵が起こるというわけだ。

女性の身体に起こる月経という性周期現象は、このように間脳―脳下垂体系と卵巣というふたつのシステムの間で、情報をやり取りすることによって起こっているのである。その情報のやり取りは、血液の循環を介しており、数種類のホルモンが情報物質となっているのだ。このように女性の性周期はまさに「再発するフィードバック作用」であり、その現象はまさに「輪になった因果性」をもっているといっていいだろう。

世界とは、「システム」が複雑な入れ子状になったもの

さて、「シュワルツの仮説」でもうひとつ重要な考え方があるのでそれを説明しておかなければならない。それは森羅万象、世の中の現象をシステムの観点からとらえていることだ。それではなぜものごとをシステムでとらえなければならないのか。それは、その方が様々な現象を説明しやすいからだ。

今やすっかり情報社会となっているので、会社や学校、その他の組織で多くの人がコンピュータを

使うようになっている。そうすると必然的にそれらを組織内でつないで情報を共有しながら仕事をする機会が増えてくる。またそういう会社や組織でなければ世の中の動きについていけなくなっているのも事実だろう。そうするとどうしても組織内のコンピュータやネットワークを専門に管理する人たちや、部門が必要になってくる。だいたい、システム管理部とか情報システム委員会とかいうような名前をつけて活動する。

それでは、その「システム」とはいったい何であろう。この言葉はかなり広い範囲をくくっているものなので漠然としていて、わかりにくい。一般には組織や制度、体系などを意味するが、シュワルツは、彼の仮説の内容を説明するために「システム」という言葉は不可欠なので、この言葉をもう少し科学的に定義している。彼は大学時代の恩師、ジェームス・ミラーの定義を持ち出し、それを改良している。そもそも彼はミラーが一九七八年に出した『生きているシステム』（*Living Systems*）（邦訳なし）という本を教科書として読み感銘を受け、そこに書かれている「生きているシステムの理論」にヒントを得て、「シュワルツの仮説」を思いついたのである。

ではその定義を紹介しよう。

「システムとは、相互に作用するユニット一組のセットと、それらの間の関係である。ここでふたつのユニットがなんらかの共通の性質をもっているので、セットという言葉を使う。

ふたつのユニットが相互作用するか、あるいは、なんらかの関係をもつうえで、それらには共通の

性質がなくてはならない。それぞれのユニットの状態は、もう一方のユニットの状態に束縛され、条件づけされ、また依存させられる。それらのユニットは一対になっている。さらにいえばシステムはそれぞれのユニットの性質を統合したものを少なくともひとつもち、その程度はもとの性質を統合したものよりも大きい」

要するに、ふたつのものが相互に作用し合って、それらがもっていたものよりも大きな性質や状態をつくっているのがシステムということだ。一方がもう一方と対になっており、お互いの状態に束縛され、条件づけされ、また依存させられるというのは、今まで述べてきたように、夫婦関係、同調するふたつの振り子時計、自然界の力、化学反応する二種類の分子、身体のなかの様々な調節システムなど、実に多くのものがある。

仲のよい夫婦の例でいえば、よい人を人生のパートナーに選び、夫婦として幸せに暮らしたならば、その幸福度は独身時代のものとは比べものにならないほど大きくなる。夫と妻それぞれはひとつのユニットでそれぞれの性質をもつが、夫婦はふたりの性質を統合したものをもち、その程度はもとの性質を統合したものよりも大きいというわけだ。ふたりはお互いに依存し合っているが、彼らは一体となってふたり以上の働きをする。シュワルツとルセックが出会って、ふたりがひとつのシステムとなってふたり以上の知性を働かせたからこそ、この衝撃的な仮説を世に出せることになった。それもシステムの生み出したひとつの産物なのだ。

さらにここでシュワルツたちが強調するのは、システムのなかにはもうひとつのシステムがあり、さらにそのなかにもシステムがある、つまり、システムは複雑な入れ子状になっているということである。もちろんふたつのユニットだけで構成される単純なシステムもあるが、多くはそうした複雑なシステム構成をしている。だから、前述したミラーによる定義のなかでいう一組のセットも、さらに別のシステムをつくっていることが多いということである。

夫婦はふたりの人間がつくるシステムであるが、その人間のなかには入れ子状になった複雑なシステムが多数存在する。前に述べたように、人間の身体のなかではミクロの世界でフォトンを交換するような様々な生化学反応が起こっており、もう少しマクロに見れば、体内の生体組織どうしで様々な生体調節が行われている。人間だけではなく、様々なシステムがそうなっているのだ。

ちなみにミラーによって提唱された「生きているシステムの理論」とは、生きているシステムがどのように働き、どのように自らを維持し、発展し、変化していくかを説明する一般理論である。生きているシステムは開放系であり、自己組織化するものであり、生命という特殊な性質をもって環境と相互作用するものと定義される。そこでは情報と物質エネルギーの交換が起こっている。生きているシステムには、一個の細胞のように単純なものから超国家的に複雑なものまでが含まれる――という理論である。

だから世界では、予測しがたいものも創造される

ここで、どんなものがシステムであるのかをよりご理解いただくために、システムでないものとの比較をしてみよう。

システムを形成しているもの（システム）は、それぞれが相互依存して存在する。つまりそこにはある関係があって、動的な開放系となっている。それは自己の外側にあるものと作用するため、外に向かって常に動いていると考えていい。しかし、システムを形成していないもの（非システム）はそれ自体が独立しており、自己の殻に閉じこもって現象している。当然ながら他の系とはまったく別個に分かれていて、静的で閉じた系になっている。非システムは、それ自体で自己完結しているのだ。つまり、システムは動的で相互依存型、非システムは静的で自己完結型なのである。

さらにそこで起こる現象を見ると、システムは自分以外のものとつながって相互に作用するため、複雑な現象が起こる。もちろん単純な現象も起こるのだが、システムと見なすことのできるものでは予測しがたいものが創造されることがある。最近話題になっている「複雑系の科学」でいわれる「創発的現象」がそれである。しかし、非システムではそういうことはない。非システムはそれ自体で単独に活動しているので、そこで起こることは予測できる。それを線形現象といい、たとえば一次方程式で表されるような単純なもので、そこで起こることは比例的に考えれば予測がつくのである。つまり、システムは複雑系、非システムは単純系といっていいだろう。

また、こういう比較をすることもできる。つまり、システムは輪になった相互作用を行い、複雑な階層をもち、「AまたはB」という論理だけではなく「AでありBである」という論理で考えることができる。しかし非システムは、単に線形な現象のみしか表さず、ランダムであり、「AまたはB」の二者択一的な系である。さらに、システムは状態に依存し、全体であり、フレキシブルで創造的であるのに対し、非システムは状態には依存せず、部分であり、固定的である。

シュワルツが考える仮説では、この世界にあるすべてものを「システム」ととらえ、そのシステムどうしが複雑に相互作用し、それらが入れ子状になって現象しているとするのである。

あなたは知らず知らず、「情報エネルギー」を交換しながら生きている

本章では、シュワルツの仮説の概要を説明した。自然現象や世の中で起こっていることをこの仮説の観点から見ると、すべてがなんらかのシステムになっており、システムどうしが様々な情報を交換しながら変化していることになる。そして、その変化の様相は、まさに「進化」ともいえるものだ。

「ではそれが私たちの人生とどう関係するのか?」と、問われる方も多いだろう。私は「当然のことながら、日々の暮らしのなかでそれはいつも起こっている」と答えたい。私たちはいつも空気を吸って生きている。しかし通常はそれをとくに意識することはない。それと同じように、私たちが人生を演じているとき、無意識のうちに、「シュワルツの仮説」で説明できる現象を演じているのだ。いや、私たちの日頃の人生は、この現象そのものだともいえる。

私たちはよほどのことでないかぎり、たった一人だけで生きているということはない。どんな人でもなんらかの形で社会と関わりをもって生きていかなければならないからだ。その意味で人間一人の

存在は「非システム」であり、社会が「システム」であるということになる。

社会は、最低ふたりの人間が集まるとできてくる。恋人、無二の親友、夫婦などの関係である。この最低限の社会で、ふたりの人間が関係しながら生活すると、前に述べたように、互いに情報エネルギーを交換し合って自己改変した結果、ふたりはお互いに似てくることが多い。

そこにもう少し人が増えた社会が、家族であろう。最近は家族における父親の弱体化が叫ばれているが、家族をリードする親を中心に、家族の人たちは情報エネルギーを交換し合って暮らしているので、知らず知らずのうちに家族のカラーができている。行動の仕方や考え方、習慣や癖などが家族ごとによって違うことを見ると、それがよくわかるだろう。

さらに人が集まった社会は、会社や組織であろう。小さな会社では、社長や個性の強い人たちの存在が、その会社のカラーを決めることが多い。社員どうしが日頃一緒に仕事をすることによって、なんらかの情報エネルギーをお互いに交換し合っていく。そこで個性が強い人や強烈なパーソナリティーをもった人がいると、その情報エネルギーが他の社員たちに浸透して、それが会社全体の個性になっていたりする。

プロ野球の世界を見るとそれがよくわかる。たとえば昨年（二〇〇二年）のセリーグペナントレースは、星野監督率いる阪神タイガースの猛烈な開幕ダッシュでスタートした。球団の記録を更新する連勝に次ぐ連勝で、タイガースファンならずとも監督が変わるとチームはこうも変わるものかと驚いたものだ。二位のヤクルトが他球場で破れたことで自動的に巨人が優勝してしまったときの巨人阪神戦はとりわけ印象的だった。阪神は徹底的な意地を見せ、リードされていた試合を延長戦に持ち込み、ついに逆転してしまった。それは、絶対に負けたくないという星野監督の強い情報エネルギーが、阪神の選手たち全員に浸透した結果に違いない。

さらに人が集まると、地域社会や国家になり、さらにその先は地球人類の社会である。そのレベルでも同様な話ができるわけだ。

ここで私たちが注意しなければならないのは、知らないうちに自分が他人と情報エネルギーを交換しているうちに、考え方や心、また性格までもが以前と違ってしまうことである。いわゆる「朱に交われば赤くなる」だ。良い方に変わればよいのだが、悪い方に変わるのはやはりまずい。最近組織レベルの不正や失敗の報道が相次いでいるが、それは組織というシステムが、その組織を構成する人たちの間で情報エネルギーを交換しているうちに自己改悪してしまった結果であろう。

さて、今まで述べてきたようにこの仮説ではふたつのシステムが互いに情報エネルギーをやり取りするというが、では、その「情報」とはいったい何であろう。あるいは「エネルギー」とは何だろう。これは大きな問題である。シュワルツは、情報とエネルギーをほぼ同じ意味に使っている。そして私も今までとくにことわることなく、単に「情報」、あるいは「情報エネルギー」と書いてきた。実はここに、「シュワルツの仮説」の重要な概念が隠されているのである。次章でそれを紹介しながら、「情報」という側面からこの仮説をみてみよう。

第2章 ● 宇宙の情報は、「光」にのって飛ぶ

なぜ宇宙には　こんなにたくさんの星があるのだろう
……でもね、みんな過去の姿なんだ
……だって、その時から何十億年もかかって
光が旅してきたんだからね

――詩集『心的惑星圏』「すばる望遠鏡」より

情報とエネルギーは一体のもの？

今、世の中はまさにＩＴの時代である。今さらいうまでもないが、ＩＴとはインフォメーション・テクノロジー、つまり情報技術のことだ。情報を扱う技術がこれほど急速に発達した時代は、人類史上かつてなかった。人々はインターネットを楽しみ、携帯電話で気軽に情報を交換し合う。そのように情報をお互いに交換し合うところに、本書で紹介している「シュワルツの仮説」で説明できる現象

が発生しているのである。

インターネットでは誰でも家にいて買い物をすることができるし、電子メールで地球の反対側にいる人とも瞬時のうちに情報のやり取りをすることができる。また多くの企業や人々がホームページを開設し、自らの情報をインターネットの世界に公開している。大企業などでは経営トップと全国の末端にいたるすべての支店が専用回線を通して直結しており、時々刻々、営業情報や経営情報を交換し合って成果をあげている。

まさに情報化時代真っ盛りといったところだが、そのような今、「情報」とは何かと問われたとき、あなたははっきりと答えることができるだろうか。シュワルツの書いた本を読みながら私はこの問いがきわめて重要なものであることに気がついた。シュワルツが情報とエネルギーをほぼ同等にとらえ、このふたつを統合した「情報／エネルギー・システム」の存在を想定しているからだ。

彼の説によると、この世界に存在するあらゆるものが情報をもち、他のシステムと情報を交換し合っていることになる。その情報は、ある時はエネルギーにのって伝わり、ある時はエネルギーが情報にのって伝わる。つまり、そのシステムにおいては、情報はエネルギーの側面をもち、エネルギーは情報の側面をもっているとするのだ。それが、「情報／エネルギー・システム」だ。

これはかなり特殊な考え方である。と同時にきわめて大胆な科学的認識でもある。なぜなら、この考え方を発展させると、情報とはエネルギーの一種であり、情報とエネルギーは相互に変換可能であるということにもなってくるからだ。本章ではこの点に焦点を当てながらあらためて情報とは何かを考え、〝情報それ自身のエネルギー的側面〟について考えてみたい。

コンピュータウイルスという、やっかいな「情報／エネルギー」

情報という言葉ですぐに思い浮かぶものは情報を操作する機械、コンピュータだ。そしてコンピュータといえば、コンピュータウイルスを思い浮かべる。ご承知の通りコンピュータウイルスとはコンピュータの動作を妨害したり、最悪、コンピュータを動かなくさせたりするプログラムだ。コンピュータを発明して多量の情報を操作し、処理することを行い始めた人類は、情報に関してウイルスという新たな問題をかかえ始めているのだ。

私が初めてコンピュータにもウイルスが感染することを知ったのは、今から十年ほど前だろうか。その時は、その現象の目新しさにちょっとした衝撃を感じたものだ。ウイルスというのは生き物に感染するものだから、はじめはウイルスがコンピュータ装置のどこかの部品に付着して、その部品を食べて増殖し、部品を劣化させ、そのことでコンピュータが壊れるのかと思った。しかし、ウイルスは人間がつくったものであり、コンピュータのソフトに侵入して、ソフトの動作をおかしくする一種のプログラムだと知った。そして、なんという時代になったことかと、ため息が出たものだ。しかし、今やコンピュータウイルスは誰もが知っている、身近な存在になってしまった。

最近はウイルス自体が悪質化し、メールソフトに記憶させたアドレス情報を勝手に利用して自分のコピーを無差別に発信する。さらにインターネットのホームページを感染させ、そこにアクセスしただけで感染させる新手のものも現れた。またやっかいなことに、デマウイルスというものまで出始めた。自分は知らないうちにたちの悪いウイルスをあなたに送ってしまった可能性があるので、コンピュータのなかを検索し、こういう名前のファイルがあったら削除してくださいというメールが来る。しかしそのファイルはウイルスなどではなくコンピュータが必要としているものなので、削除してしまうと支障が出る。要するに、ウイルスのデマ情報で、いわば電子版「不幸の手紙」といってもよい。

さて、なぜウイルスがつくられるかというと、コンピュータ自体のプログラムが完璧ではないからだ。たとえば、どんなコンピュータにも必ずセキュリティホールという、情報の漏れる穴や脆弱性《ぜいじゃくせい》がある。ウイルスはそういったものを利用するのだ。逆にいえば、人間には今のところ完璧なコンピュータをつくり出すことができないのである。そこで、一部の人たちはそのコンピュータの弱点を探し出し、それをどのように利用すれば自己増殖する情報（ウイルス）をつくり出すことができるかを考える。

それは論理的な思考脳には快感なのだろう。私はコンピュータもコンピュータウイルスも人間の論理的思考脳が暴走してつくり出した欠陥作品ではないかと思っている。人間の脳には論理的な思考をつかさどる脳ばかりではなく、直感をつかさどる脳や、スピリチュアルな体験をさせる脳の部分などいろいろある。それらが統合されて製作に取りかかってこそ、人はより完成度の高いコンピュータをつくり出すことができるのではないだろうか。

ともあれ、コンピュータウイルスをつくり、それを故意にインターネット網に流すことは反社会的行為であり、犯罪といってもいいだろう。しかし、人間がいるかぎり犯罪はなくならないとする見方をするならば、コンピュータウイルスは今後ますますたちの悪いものになっていく可能性がある。世界に広がるインターネット網でコンピュータがつながっているので、遠くない将来強力で悪質なウイルスによって、ある日突然世界中のコンピュータがいっせいにダウンする事態さえあるかもしれない。

いずれにせよ、一種の情報であるコンピュータウイルスは、ある条件を満たすと、入り込んだコンピュータの動作を狂わせるエネルギー（破壊力）を発揮することになる。つまり、ウイルスという「情報」は「エネルギー」を秘めているのだ。

もちろんその情報は世界に張りめぐらされた電話回線を伝わってやってくる。その回線網には常にパケット（電気信号）が行き来しており、ウイルスもそのパケットという電気エネルギーにのっているだけといういい方もできよう。しかしその情報がコンピュータに入り込むと、コンピュータを動かしている電気エネルギーを利用して、破壊力を発揮する。ウイルスは単なる記号の組み合せによってつくられたものだが、その情報はエネルギーの側面をもち、ウイルスをのせたパケットやコンピュータを動かすエネルギーは情報の側面をもっているのだ。

情報はすべての人々には行き渡らない

情報という言葉で次に思い浮かぶものは、情報格差だ。これは、コンピュータなどの情報機器をうまく使うことができる人と、そうでない人との間で起こる、情報の保有によって得られる恩恵についての格差のことだ。今後インターネット網がますます発展し、買い物や情報伝達についてそのネット網により多く頼る社会になると、コンピュータをうまく取り扱える人は多くの恩恵を受けるようになるだろう。その一方で、コンピュータをうまく使えない人はその恩恵を被ることが少ない。そしてだんだんと社会から取り残されるようになる。

また、その国自体が貧困な場合は情報機器が絶対的に少なく、その国の人たちも貧困に苦しんでいるためコンピュータなど買うことができない。その結果、世界の情報網から取り残されていく。これも情報格差で、今後世界的に大きな問題となるだろう。

今以上に世界がインターネットで緊密に結ばれると、人々はお互いの情報を頻繁に交換し合い、国境を越えてネットワークで結ばれた人々の集団ができるだろう。そこに一種の社会や常識のようなものができると、既存の国家や政府がそれに追従するようになる。そうしてネットワーク主体の世界ができていくだろうが、情報格差のためそのネットワークに入れない一群の人々が生まれるのだ。ネットワークに入った人々とは、世界に共通の情報を享受することができる。しかしそうでない人々はその情報を享受することができない。

そうすると、そこで何が起こるのだろう。世界の二極化だろうか。テレビやラジオにしても同じことがいえる。私たちは電波にのせられた情報をテレビやラジオで受信して視聴する。そして世界の情報を共有することができる。テレビやラジオはコンピュータと違ってただ見たり聞いたりするだけで情報を受けることができるので便利だが、そういう受信装置がないとはじまらない。現代生活をしている私たちにはそれらはほとんど普及しているので問題はないが、一昔前はそういうわけにはいかなかった。今でも辺境の地には電波が届かないか受信装置がないかで、そういうところに住んでいる人は世界の情報を同時に共有することができない。

このように、情報は行き渡らないということがある。これは情報のひとつの側面ということができるだろう。鏡のように静まりかえった湖の水面に石を投げ込むとしよう。石が投げ込まれた点を中心に、水面には同心円状の波が広がる。それは石によって引き起こされたエネルギーが波の形で広がっていく姿だ。しかし湖面に島があって、その島に防波堤のようなものがあったら、波は島の裏側には伝わらない。波に情報がのせられていたとすれば、その情報はそこには届かないというわけだ。

あるとき何かの爆弾が破裂して、爆弾の破片が周囲に広がったとする。爆弾のもつエネルギーの爆発的拡散である。しかしそのエネルギーも届かないことがある。障害物があって、その陰に隠れていた人は爆弾の破片を受けることはない。爆弾が情報だったとすると、情報が爆発したとき、情報伝達において障害物があると、情報は届かなくなる。当然といえば当然なのだが、情報にはこのようにエネルギーと同じような側面があるのだ。

情報の定義は百人百様？――十六人の学者たちの定義

さて、そんな情報を世の中の学者たちはどのように定義しているのだろう。一説によると、情報の定義は情報学者の数の三倍はあるという。情報の定義は百人百様であるというのだ。『広辞苑』によると、情報とは、「或ることがらについてのしらせ」とある。これはいかにも辞書的な答えで、情報という言葉をわかりやすい言葉に置き換えただけで、私は満足することができない。そこで、インターネットで調べてみた。「情報の定義」という言葉をキーワードにして検索してみた。すると、たくさんのサイトがリストになって出てきた。まさにインターネットは情報の海であることを実感する。

そのなかで、法政大学社会学部・白田秀彰助教授のホームページのなかにとても参考になる記載があった。十六人の学者の著書にある、様々な情報の定義が簡潔にまとめられていたので、それを次に紹介しよう（カッコ内が定義者）。（原典は、『シンクタンクの仕事術』〔名和小太郎、ＪＩＣＣ出版〕所載の（財）電気通信総合研究所の資料より。順序・文字遣いは喰代により一部変更）

・すべての知識は情報である（フリッツ・マッハルプ）
・組織化され、伝達されるデータ（マーク・ポラト）
・「客観的把握を目指す心的活動」によってつくり出されるもの／単なる抽象的な内容ではなく、具体的な表現形態をもち、伝達の経路を経たもの（村上泰亮《やすすけ》）
・人間の社会的諸活動を支える意味のある記号系列（小松崎清介）
・特定の状況における価値が評価されたデータ（エイドリアン・Ｍ・マクドノウ）
・人間と人間の間で伝達されるいっさいの記号系列（梅棹忠夫）

・「コミュニケートする内容」に限定して、「人間精神の創造物」と考える。それは「物的生産物」に対立する概念としての「知的生産物」である（坂本晋）
・「メッセージ」「記号」「媒体」の統合体（中野収）
・可能性の選択指定作用をともなう事柄の知らせ（林雄二郎）
・人間の環境適応行動にとって、ある事象について判断を下すための材料となる刺激としてのメッセージ（藤竹暁）
・（微少のエネルギーで）複製が可能であり、かつ複製された後も、なお同一の状態を保つようなものについて、その複製された内容である（野口悠紀夫）
・環境からの刺激、個体を環境に結ぶもの（加藤秀俊）
・意味をもつところの秩序ある記号系列（北川敏男）
・今、起こりうる状況として、Z1，Z2，Z3，……Znが考えられるが、このうちどれが実際に起こるかが、完全に明らかではないものとする。そのとき、この体系は「一定の不確実性をもっている」というが、この不確実性の量を減らす働きをするもの（シャノン）
・我々が外界に適応しようと行動し、また調節行動の結果を外界から感知する際に、我々が外界と交換するものの内容（ウィーナー）

・物質・エネルギーの時間的・空間的・定性的・定量的パターン（パターンとは、「秩序―無秩序」の視覚からとらえられた物質・エネルギーの属性）（吉田民人）

以上、皆そうそうたる学者たちの定義なので、一々もっともである。学問的な言葉の使い方とは実にわかりにくいものだと思いながらも、これらの定義をじっと見ていると、情報を人間の活動の一環としてとらえていることが多いのに気づく。客観的な存在物としての記号やデータの集まりがあったとしても、そこに意味や価値が見いだされ、あるものから他のものへ伝えられるからこそ情報ということができるわけだ。たしかに世界的に有名な脳生理学者カール・プリブラムも「情報は人間のような生物から始まる」と考え、情報とはそれを処理する媒体、つまり生物のもつひとつの機能であるとしている。脳などによる知覚媒体なしで情報が存在することはあり得ないというのだ。

また、ノーベル賞を受賞した分子生物学者のマンフレッド・アイゲンは、情報の起源を遺伝子の暗号に求め、「情報は遺伝子から始まる」と主張している。しかし、シュワルツが考えるように情報をエネルギーと同等に考えるとき、少なくとも情報とはこの宇宙に存在する「なんらかのもの」でなければならない。エネルギーは、知的生物がそれを認識するかしないかにかかわらず、この宇宙にそれ自身存在するものだからだ。同様に、伝えられた情報の価値や意味を見いだす知的生物が存在しなくても、情報はそれ自身この宇宙に存在するものでなければならないはずだ。

そこでここにあげた十六人の学者たちの定義のなかから、「シュワルツの仮説」の観点からみても納得できるものを探してみよう。

まず、『超整理法』などのベストセラーを何冊も書いている野口悠紀夫さんの定義がある。複製が可能で、複製された後も前と同じ状態を保っている、その複製された内容であるというものに、生物の遺伝子がある。四種類の塩基（化学物質）の組み合わせによって、親の情報を子孫へと伝えていくのが遺伝子だ。雌雄のある生物の場合、ふつうは両親の遺伝情報が混じった情報を子供はもち、その情報が子供の身体のなかで生命活動をするとき、必ず自分自身の情報を複製する。その複製されたものの内容が、情報であるというわけだ。

これは、私たち人間の身体のなかだけで起こっているわけではない。生命活動をするものはおそらくすべてそういった情報をもっている。また、生命現象でなくても、このようなことが起こっているものもある。となると、この世界には情報というものが、それ自身客観的に存在しているということになる。

次に加藤秀俊さんの定義、環境からの刺激、個体を環境に結ぶもの、というのもおもしろい。これは私たち人間にかぎらず、生物は環境からいろいろな刺激を受けることによって、環境と結ばれるということになる。環境から受け取るものは、視覚や嗅覚、味覚、接触などを介するもので、視覚の場合は光、嗅覚や味覚の場合は分子のかたまりである。それらは生命現象だけではなく、この宇宙にひろく存在する。

北川敏男さんの、意味をもつ秩序ある記号系列という定義もおもしろい。〝意味をもつ〟とはどういうことかがポイントであるが、人間のように知的生物がその意味を把握しなくても、自然現象や宇宙で起こる現象のなかで〝意味をもつ〟という状態は起こるのではないか。なんらかの知的存在がその意味を理解しないかぎりそれは意味をもたないとするならば、それは情報ではないということになるかもしれないが……。

情報とは、「不確からしさの度合いを減らすもの」？

次にシャノンによる定義を見てみよう。シャノンとは、コンピュータの生みの親クロード・エルウッド・シャノンのことだ。一九四〇年代にアメリカ・マサチューセッツ工科大学で計算機の研究を始め、現在のコンピュータやネットワークの基礎理論を築いた。残念なことに一昨年（二〇〇一年）八十四歳で亡くなられたが、彼の理論によって、物理的現象の測定から、言語や生物の神経系統、脳の生理作用までを幅広く考えることができるようになった。それで、情報といえばまず彼から始まった情報理論でとらえようとするのが常識的とされるのだろう。

シャノンは情報量の単位を初めて「ビット」と表現し、電気回路の「オン」「オフ」を「1」と「0」に対応させた。それにより現在の情報理論が開幕したのである。その情報理論では、情報は、「不確からしさ」の度合いを減らすものとしている。

ある事柄について、私は、それが何であるかわからない。つまり、「不確からしさ」が大きい。しかし、その事柄についての情報を得ることによって、私はそれが何であるかがわかる。「不確からしさ」がなくなったわけだ。このように、情報とは「不確からしさ」を減らすものであると考えるのだ。そして、情報を得た後の「不確からしさ」と、情報を得る前の「不確からしさ」の比を情報量の尺度とするのである。このことを少し数学的に表現すると、前述の彼の定義に書かれていたようなことになる。

しかし、ここで疑問がわいてくる。まったく素人の発想といわれてしまえばそれまでだが、「不確からしさ」とか「不確実性」があるというとき、そこには知性の介入がなくてはならないのではないか。人間のように高度な知性をもった生命体が、自らのもつ五感によって情報をとらえられなければ、「不確からしさ」がなくならないのではないか。

しかし次のように考えることもできる。人間や人間以外の知的生命体の意識や感覚が届かないどこか遠い宇宙で、何かが起ころうとしている。そのこととはAかBかC、あるいはDかもしれない。しかしそれはまだ起こっていないので、Aが起こるのかBが起こるのか、あるいはC、Dが起こるのかわからない。これから起こることについては不確実である。ところが何かの条件によって、これからAが起こることが確実になった。つまり、その現象には情報が与えられたのである。そのとき、不確実であったことが確実になったという認識をする知性の存在はなくてもよいのではないか。とすれば、情報は純粋に客観的なものとして宇宙に存在することになる。光を人間の視覚がとらえなくても、光は客観的に宇宙に存在するように……。

私たちが外界と交換する情報——それはエネルギーにのって表現される

次に、ウィーナーによる定義を考えてみよう。ウィーナーとは、サイバネティックスという総合科学を提唱して世界的に有名になったアメリカの数学者、ノーバート・ウィーナー（一九六四年没）のことである。サイバネティックスとは一九四七年に提唱された情報を扱う理論で、通信や自動制御といった工学的な問題から、統計力学、さらに生物の神経系統や脳の生理作用までを統一的に考えることができるというものだ。彼はその学問にギリシャ語の「舵取り人」を意味する言葉からサイバネティックスという名前をつけた。残念なことにこの言葉は今ではあまり使われなくなったが、この名前の由来にサイバネティックスの概念が封じ込められている。それは、「シュワルツの仮説」のキーポイントともなる「フィードバック」という考え方だ。

一隻の船が海を航行しているとしてみよう。動力源はエンジンだ。そのエンジンをうまく操作しながら舵取り人が航路を監視する。左舷に風があたっているので航路が少し右に寄ってきた。舵取り人は舵をやや左に傾ける。いわゆる取り舵である。またその船の向かい手から風があたる。すると船の速度が落ちてくる。舵取り人はエンジンをもっとふかそうとする。そうやって舵取り人はその船の運航が予定通りにいくようにコントロールする。

つまり、ある予定をもって運航している船が、外界の気象条件によってその予定が狂わされようとするときに、舵取り人は運行が予定通りにいくように制御するわけだ。ウィーナーは舵取り人のこのような働き（あるいはそういう働きをする調速機）がフィードバックそのものであると考え、そのような現象を追究する学問に「舵取り人」由来の名前をつけたのである。

もともと彼は大砲やミサイルを戦闘機などの標的にできるだけ正確に当てるにはどうしたらいいかという問題を研究していた。それはミサイルが飛んでいく方向と、目的とする方向とのずれをどのように小さくしたらいいのかという問題でもある。ずれを急激に修正しようとして、ミサイルの進路を標的の方向にあまり大きく動かすと、ミサイルはその標的への途上で振動してしまう。したがって推進方向を修正するときにこの振動が起こらないようにしなければならない。いずれにせよ、いまミサイルが飛んでいく方向を検知し、その情報をミサイルの推進装置に戻して飛んで行く方向を修正しなければならない。それは、フィードバック制御に他ならないのだが、彼はこのような弾道研究によって、このフィードバック理論を発展させていたのだ。

一方で、メキシコ人の神経生理学者アルトゥーロ・S・ローゼンブリュートは、筋肉を動かすときの神経メカニズムの研究を行っていた。ウィーナーはその研究に興味をもった。なぜなら筋肉を動かすときにフィードバックのメカニズムが働いているのではないかと思ったからだ。

いま、机の上に一杯のコーヒーがあったとする。ある人がそれを飲むために腕を伸ばしてコーヒーカップをつかもうとする。その場合、その人の手が正確にコーヒーカップに届くようにフィードバックのメカニズムが働くに違いない。つまり、動かしている腕や手の筋肉の緊張の度合いや、目から得られたコーヒーカップの位置などの情報がその人の脳に送られ、手とコーヒーカップの位置のずれが判定される。そして、そのずれをできるだけ小さくするような司令が脳から腕や手の筋肉に送られる。

その結果、コーヒーカップを手にすることができるのではないか。またコーヒーを飲むためにコーヒーカップを口に運ぶときも同じだ。ある種の運動失調では、腕を伸ばして物をつかもうとするとき、腕が振動するという症状も発生する。これは標的の位置とのずれを急激に修正しようとするときにミサイルが振動するのときわめて似ている。フィードバックのメカニズムがうまく働いていないからだ。

彼は以上のように考えてローゼンブリュートとの共同研究を進めた。そしてその成果が総合科学・サイバネティックスの提唱であった。ウィーナーによって科学的概念として確立されたこのフィードバックは、今では「出力の一部が入力側にもどって出力信号に加わり、系の出力に影響を及ぼすこと」と定義され、「帰還」とも呼ばれている。そして彼は、私たちが外界と適応しようと行動するときにもこのフィードバックのメカニズムが働き、そのメカニズムのなかで外界と交換されるものの内容が情報であると考えた。

それでは、外界と交換されるものの内容とは何であろう。それはまさにエネルギーか、エネルギーと同等のものとも解釈できる。たとえば風呂に入ろうとするときのことを考えてみよう。手を入れてみるとその中のお湯がきわめて熱かった。私は手をとっさに引っ込め、水を足してお湯の温度を適温に調整しようとする。このとき私が風呂から受け取った情報は、お湯の熱さである。まさにエネルギーそのものだ。また、外を歩いていて、気温が熱くなってきたと感じて上着を脱ぐという行動をとるときも、外界から受け取った情報は気温というエネルギーだ。

外界から受け取るものが、エネルギーにのったものであるときもある。道を歩いていると、向こうからものすごいスピードで一台の車が自分の方に突っ込んでくる。どうやら酔っぱらいか居眠り運転だ。私はとっさに逃げるわけだが、そのとき私が受け取った情報は、光にのって私の視覚に飛び込んできた暴走車の映像だ。その映像は、光というエネルギーにのった情報に他ならない。

これらはほんの一例にすぎないが、ここで外界と交換されるものは、様々な信号（サイン）といってもよい。そして、信号は必ず私たちの五感のどれかを刺激する形でやってくる。視覚を刺激する光の信号、聴覚を刺激する音の信号、嗅覚や味覚を刺激する化学物質（分子）の信号、皮膚感覚を刺激する外界温度や圧力などの信号、それらは形は違うもののすべてエネルギーにのったものである。したがって、外界と交換されるものの内容とは、エネルギーによって表現されたものということもできるのである。

情報とは、物質／エネルギーのパターンである

ところで、ウィーナーはもうひとつ重要な指摘をしている。それは、自然の根源的な要素として、物質／エネルギーの時間的・空間的なパターンがあるということだ。

よく知られているように、アインシュタインは、エネルギーは質量に光速度の二乗を掛けたものと等しいことを発見している（$E=MC^2$）。「エネルギーと物質は、同じもので存在様式が違うだけだ」といいかえてもいい。つまり、自然や宇宙の根源的要素は物質／エネルギーであるともいえるのである。またここから極論して、この世のすべては物質現象に還元してとらえることができるという主張が出

てくる。ところが、この考え方のもうひとつの視点として、ウィーナーは物質／エネルギーの「存在パターン」も、自然の根源的要素であると指摘したのである。

そのパターンとは、物質／エネルギーの定性的・定量的な配置や配列、順序や組み合わせ、その形や形相、あるいは構造、関係として表されるものである。つまり、パターンがあるところには必ずそのパターンをになう物質・エネルギーが存在するのだ。たとえばこの本のページには文字のパターンがたくさんある。しかしそのパターンが存在するには、それをになう物質として紙とインクがなければならない。さらに、そのパターンを読むということは、光というエネルギーにのせられた文字のパターンを目で読むということなのだ。

要するにこれは、自然界にあるパターンはすべて物質／エネルギーのひとつの局面、あるいは属性であるということを意味するのだろうか。唯物論者や物質還元論者ならば、ただちに肯定することだろう。しかしウィーナーの思想に造詣の深い吉田民人博士はそうとも限らないことを指摘している。なぜなら、同じパターンが、違う物質／エネルギーによって表されることもあるし、同じ物質／エネルギーが、違うパターンを表すこともあるからである。たとえば「A」という文字パターンは紙とインクによって表されることもあるし、電光掲示板によって表されることもある。また同じ紙とインクによって日本語の文字パターンを表現できるが、英語の文字パターンも表すこともできるというわけだ。

この点を追求していくと、おもしろい議論に発展するのではないかと私は思う。なぜなら、たとえば「A」という文字パターンは、そのパターン自体が、物質／エネルギーとは無関係に存在する可能性が出てくるからだ。そしてパターンというものが情報ならば、情報自体が自然界の物質／エネルギーとは別個に存在する何ものかである可能性も出てくる。また、そういう情報の起源はどこにあるのかという問題にも発展しよう。これについてはこの後すぐに述べるが、ともあれ吉田民人さんは「この物質／エネルギーの時間的・空間的、定性的・定量的なパターンこそ、もっとも広い意味での情報に他ならない」としているのである。この考え方はきわめて興味深いものであると私は思う。それは次に述べることと関連があるからである。

質量、エネルギー、情報の統合——ストウニアの「インフォン」説とは？

情報とパターンとの関係を指摘しながら、さらに驚嘆すべき考え方を展開した科学者がいる。その人はエネルギーに含まれる情報の量は数式によって表すことができるとした。これはシュワルツが「シュワルツの仮説」で展開している「情報エネルギー」という考え方に根拠を与えていると、私は思う。

その人とは、ドイツ生まれの科学者トム・ストウニアのことである。十二歳の時家族とともにアメリカに移住し、おしくも一九九九年に七十二歳で亡くなっており、日本ではあまり知られていないが、平和な未来社会を考える情報科学者としての活躍には特筆すべきものがあった。それで彼はしばしば「未来学教授」といわれた。教育とコンピュータ技術が平和な未来社会のカギを握るだろうと早くから主張し、科学技術の変化がいかに私たちの経済や未来社会に変化を及ぼすかを四十年以上にわたって考え続けた。またコンピュータの飛躍的発達は人類の生物学的性質を変え、人間関係さえも変化させると主張していた。インターネット網が発達し続ける現代に生きる私たちの生きざまを見ると、まさに彼のいう通りになってきていることが感じられる。

しかし、その点は本題ではない。ストウニアの情報についての見方が重要なのだ。彼は、「熱以外のあらゆる形態のエネルギーは、なんらかの時間的、空間的な組織性あるいはパターンを示すか、それらに依存している」とした。さらに「情報は、インフォンという情報子を仮定して考えることができる。また、質量、エネルギー、そして情報の三者は統合することができる」と主張したのである。

彼によると、情報は物質やエネルギーと同等の地位をもつ宇宙の構造と組織そのものであり、また情報は宇宙のビッグバンから始まったものだという。この仮説を解説するためには、まず「エントロピー」について説明しなければならない。これはルドルフ・クラウジウスというドイツの物理学者が、熱量と絶対温度の比に対して名づけたもので、感覚的にいうと、「無秩序さの度合い」といってもよい。つまり、エントロピーが大きいというのは、無秩序な状態が大きいということで、エントロピーが小さいということは秩序だった状態であるということだ。たとえば、生物は秩序だった組織をもっているので、エントロピーが小さい存在であるということができる。

さて、熱力学によれば、宇宙のエントロピーの総和は常に増加し、それが最大になったとき、利用できるエネルギーは何も残されておらず、宇宙全体が完全に無秩序な状態になる。つまり、そのとき宇宙は「熱死」をむかえるとされている。しかし、ストウニアはそうは考えないのだ。

ビッグバンの時、情報はゼロだった。しかし宇宙のエントロピーは無限大だった。そして、宇宙が生成されるにつれて、エントロピーは減少し、それとともに情報量が増えてきた。初めに宇宙を生成する「力」（つまり重力）が分化し、次に弱い力、強い力、そして電磁気力が生じた。そして物質が出現し、宇宙のエントロピーはますます減少していく。すると物質のなかで複雑な組織が進化し始め、宇宙のエントロピーがゼロになる。そのとき、生物のような自己組織化するシステムが現れる。彼はそのように考えたのだ。

なんと大胆な考え方であろう。しかしさらに彼は、人によっては、「そんなバカな！」と疑うかもしれない過激な考え方を展開していった。「宇宙のエントロピーはその後ますます減少し、どんどんマイナスになっていく」というのだ。これは熱力学でいう宇宙の熱死と正反対の主張だ。明らかに現代科学への挑戦である。そして、宇宙のエントロピーがますますマイナスになっていく過程で、ついに驚くべき現象が発生するというのである。それが、知性の発生だ。彼にとってその知性とは、「自分の棲息する環境、あるいは宇宙そのものをも変えてしまうかもしれない存在」なのだ。さらに、「その知性が出現して初めて情報は意味をもつ」というのである。

ストウニアの説の醍醐味《だいごみ》はこの先にある。彼は、情報を「インフォン」、つまり「情報子」という基本要素に分解して考えたのだ。物質を分解していくと、ついには素粒子という細かな基本粒子にたどり着く。物質を構成する素粒子群をフェルミオンといい、力を媒介する素粒子群は、第1章（四六〜五五ページ）で紹介したようにゲージ粒子（「ゲージボソン」ともいう）である。同じように、情報も

「インフォン」という第三の粒子群として存在するはずだというのだ。そして彼はそのような素粒子群の様々な相互作用を解明していくことで、この宇宙の姿を今まで以上に詳しく知ることができるというのである。

物質と情報はもともと違うもので、それぞれ基本要素に還元して考えることができる。物質の基本要素についてはいろいろなことがわかっているが、情報の基本要素をもっと研究していけば、宇宙の意外な姿が浮かびあがるに違いないというわけだろう。しかも、その物質と情報は、ある関係式で結ぶことができるという。アインシュタインがエネルギーと物質との関係を表しているように……。この点はもう少し後で説明するつもりだが、読者諸氏は彼のいうインフォンとはいったい何だろうと思っておられるに違いない。解説しよう。

インフォン（情報子）とは、「穴」のようなものである

ストウニアはインフォンについて、「空っぽの空間」、あるいは「穴」の比喩を用いて説明した。たとえば私たちが家を建てるときは、必ず壁で空間をかこむ。私たちのその行為によって、何もなかった空間がとつじょ様々な壁に囲まれ、家が出現する。

家は設計図という情報をもとにして建てられ、結果として様々な情報を含んだ存在となっている。だから家自体が情報のかたまりとみることもできるだろう。その家が家として機能するには、壁に囲まれた「空っぽの空間」がなければならない。家という情報にとって、「空っぽの空間」は基本要素

なのだ。そういうものがインフォンなのだ。

電光掲示板を見てみよう。これはいくつかの光る点を集めたパネルに、光らない点、つまり「穴」をいくつか組み合わせて情報を人に読ませる仕組みになっている。電光掲示板に表示される情報にとって、光らない「穴」はその情報の基本要素だ。コンピュータなどに使われる半導体では、電子の失われた「穴」が計算などの情報処理に重要な機能をになう。また、ある種の結晶にエネルギーを加えると結晶内部に質量の希薄な「穴」が出現しては消え、まるでそれが粒子であるかのようにふるまう。その運動は幻覚であるが、それは電光掲示板の光らない点のように情報粒子（インフォン）となっている可能性がある。

また英語の文章では、単語と単語の間のスペースが、その文章に意味を与えている。たとえば、第1章でも紹介した私の好きなアインシュタインの言葉。

If at first the idea is not absurd, then there is no hope for it.（まず最初にばかばかしいと思わないアイデアについては、そのアイデアに望みはない）

一流の科学者でさえ「そんなの、ばかばかしくて論外！」と一笑に付した仮説が後になって主流の理論になった例は数多い。むしろそのようにして科学は発展したともいえるわけで、私はアインシュタインのこの言葉は名言だと思う。この文章を昔流に表記すれば、

Ifatfirsttheideaisnotabsurd, thenthereisnohopeforit.

となる。単語と単語の間にスペースがないのだ。これでは読みづらいし、意味も理解しづらい。しかし、英語をはじめとするヨーロッパ系の言語では、昔はこのようにスペースなしで書かれていた。それが今のようにスペースを有効に生かした形で表現され始めたのは九世紀になってからのことなのだ。アインシュタインの言葉も、単語と単語の間に「空っぽの空間」を入れることにより、彼の貴重な見方の情報がより正確に私たちに伝えられているというわけだ。だから英文にとって、スペースは英文情報の基本要素で、そういうものがインフォンではないかとストウニアはいう。

また、科学に強い人なら、原子にエネルギーが加えられると、原子核をまわっていた電子がひとつ上の軌道に跳びあがり、その原子が励起《れいき》されるということをご存じだろう。このとき、跳びあがった電子がもともとまわっていた軌道にはひとつの「穴」ができる。インフォンとは、そのようなものではないか……。なんとおもしろい考え方ではないか。

情報とエネルギーの変換式

さて、ストウニアの仮説についていろいろと述べてきたが、それらはすべてイメージ的であり、抽象的な説明であった。「質量、エネルギー、そして情報の三者を統合することができる」といっても、さてそれは実際どのように統合できるのか数式で表してほしいといわれたらどう返答するのか。

ストウニアがすごいと私が思うのは、こういう問いに対し、それが仮説であっても大胆にもはっきりと数式の根拠を示していることだ。そして、情報のエネルギー当量という概念を示し、それが10の23乗ビットとした。単純にいうと、10の次にゼロが二十三個並ぶ数だけ情報量が集まると、それが一エネルギー単位になるとしたのだ。

一方、エネルギーは質量と光速の二乗を掛けたものに等しいというアインシュタインの有名な式とをあわせて考えると、質量、エネルギー、情報の関係がわかることになる。たとえば、ある量の質量にどれだけの情報量が含まれるかがわかる。また、光や電磁波のなかにどれだけの情報量が含まれるかも推定できるというわけだ。シュワルツが仮説のなかで、「あらゆるシステムは情報を交換している」というとき、ストウニアの説をあわせ考えると、システムは明らかにエネルギーを交換しているということになるのだ。

シュワルツのヌードは、光にのって宇宙空間を飛ぶ

最近、私はユーミンの歌が好きになった。一風変わった彼女の曲が世にはやり始めた頃、正直いって私はその新鮮さに少々ついていけなかった。それから何年も経って、私にとって彼女の曲はとても新鮮になった。しかも安心していつでも何度でもくり返し聞いていられる。そういう曲のひとつに「やさしさに包まれたなら」というのがある。カーテンを開くと静かな木洩《こも》れ日が部屋に入ってくる。

そして、やさしさに包まれたあなたの目にうつる全てのものがメッセージだというのだ。私はこの本の原稿を書いていたある日偶然にもこの曲を聴いて、なるほど科学的にもその通りだと納得した。しかもシュワルツの仮説を解説するにもちょうどいい。カーテンを開くと窓から入ってくる木洩れ日は、外界の情報をのせた無数の光子の集団だ。やさしさに包まれた心の状態のあなたは、その情報からなんらかのメッセージをとらえることができる。それはこれからのあなたの人生の指標になるかもしれない……。ともあれ、光には情報が含まれているということを、この曲は語っていると私は思ったのである。

シュワルツの仮説では、これは重要なポイントだ。そして、彼には「シュワルツの仮説」を強力にバックアップした彼自身の体験があったことをここで紹介しておかなければならないだろう。その体験によって彼は、光が情報を含んで宇宙空間を永遠にただよっていることを実感したのである。

その頃、シュワルツはゲーリー・ズーカフの『踊る物理学者たち』(邦訳、青土社)という本を読んでいた。これは世界的なベストセラーになった現代物理学の解説本で、原題を「ザ・ダンシング・ウーリー・マスターズ」という。変わった題名だが、それもこの本がよく売れた原因のひとつだろう。「ウーリー」というのは中国語で、「有機的エネルギーのパターン」という意味で「物理」のこと。「マスターズ」とはそれを修得した人のことだから、ウーリー・マスターズで「物理学者たち」ということになる。それが踊っているというのだから、たしかに人目をひく題名だ。邦訳された当時、私も読みふけったものだ。何しろ現代物理学と仏教などの東洋的な考え方とを対比し、類似点を解説しているので、非常におもしろかった。前章で説明した場の量子論や、宇宙の四つの力、そして粒子でもあり波動でもある質量のない光(フォトン)についても丁寧に解説されている。そういう解説が、おそらくシュワルツのこの体験の引き金にもなっていたのだろう。

それは彼がバンクーバーのブリティッシュ・コロンビア大学で特別講義をしようとしていた前の晩のことだった。彼は宿泊しているホテルで、午前三時頃目が覚めてしまった。窓の外の光景があまりにも美しかったので、彼は裸のままベッドから抜け出し、窓の前に立った。ホテルは豪華な造りの高層建物だった。窓の外を見るとイングリッシュ湾の海が見え、右の方向には頂に雪のある山々、左の方向には半島とブリティッシュ・コロンビア大学のキャンパスが見えた。満月だった。その光で湾の片方からもう一方へと流れる波頭が輝いて見えた。山のすそ野に沿って無数の家やアパートが並び、それが様々な強度の光を発していた。無数の光の点滅は半島の方にも延びており、その幻想的な光景はまさに光の芸術品だった。それを見ていて、突然、彼は不思議な体験をした。

私はこのホテルの窓から家々の光を見ている。同じようにその家々の窓から、人々は私を見ることができる! 遠くにあるその家のなかで、ある人が窓から望遠鏡で裸の私を見ている。そして同時に私の裸のイメージは、光にのって無数の家々の窓に入っている。その家に明かりがついていようとなかろうと、眼下の光景のすべての窓に入っている。それればかりではない。私の映像は光にのって、宇宙空間に飛び出している。つまり、私は光にのって宇宙空間に飛び出している。

その光はまるで生きているかのように、そして、永遠にただようのだ！

おもしろい体験だ。科学的概念と神秘的な感覚を一緒にした一種の啓示であろうか。しかしよく考えてみると当然のことである。高層ホテルの一室で、彼は裸で窓の前に立っている。彼の肉体は満月の光に照らし出されている。眼下の家の窓からそれを見ようと思えば、誰でも望遠鏡を使ってみることができる。男性ならばそれが満月の光で見るヌードの女性でなくて残念だろう。裸で窓の前に立つ少々太鼓腹の教授のイメージ映像は、月の光にのって眼下に広がるすべての家々の窓に届いているのだ。その映像を認識するかどうかは、裸で立つ教授のイメージ情報をのせた月の光を見るか否かにかかっている。

しかしながら、それよりもっと重大なことがある。満月の光が宇宙空間を飛んでホテルの窓に届き、シュワルツの身体で複雑に反射した。そのことによって彼の裸のイメージ情報がその光にのせられた。そして、彼の映像情報をのせた月の光が、今度は宇宙空間に放たれたことになるのだ。彼の身体で反射した光は、一秒後には約三十万メートル先の宇宙空間を飛び、二秒後には約六十万メートル先の宇宙空間を飛んでいる。そのようにして、彼の裸のイメージ情報は光の速さで宇宙空間に伝わっていく。もちろん遠くへ行けば行くほど彼のイメージ情報は弱くなるが、その情報は遠くに行くほど扇形に広がっているわけで、宇宙空間のより広い部分に行き渡ることになる。しかも彼の裸のイメージ情報はそうやって永遠に宇宙空間を旅するのだ。

もちろんその光は宇宙空間を飛んでいくうちには他のエネルギーや物体と相互作用するだろう。その相互作用の内容もまた情報としてその光にのせられる。だから光は、その光が生まれてから今までの宇宙的な経歴を記録しているということもできる。私たちが夜空を見上げて星の光を見るということは、その星の過去の経歴を見ることでもある。同じように宇宙の彼方にいる好奇心あふれる知的生物が、シュワルツの裸のイメージをのせた微弱な光を解析し、この星にはこんな形の生物がいるのかと思うかもしれない。しかも、その光がいつシュワルツの裸のイメージをのせ、どのように宇宙空間を飛んできたかを認識するかもしれない。

私たち人間の目は光によって外界の情報をとらえる。目の奥の網膜には光を感知する細胞があって、その細胞に光が当たると、神経パルスを発して、それを脳に送る。脳はそれを総合的に解析して外界の映像を私たちに認識させる。だから、情報をのせて目のなかに飛び込んでくる光は、私たちの外界認識にとって非常に大切な役割を果たしているといえる。そのとき、光は情報エネルギーに他ならない。そしてその情報エネルギーを、網膜上の細胞は神経インパルスという情報エネルギーに変換して、脳に送るのだ。驚くべきことは、網膜上の細胞はたった一個のフォトンさえ感知するということである。その一方でその夜、シュワルツの裸のイメージをのせて反射した月の光は、数百億個、いや数百兆個、あるいはそれ以上の数にのぼっており、それらのほとんどすべてが宇宙空間を永遠に旅することになったのだ。

電波は情報をのせて永遠に旅をする?

このシュワルツの体験を本で読んだ翌日、私は偶然テレビでSF映画「コンタクト」を見て驚いた。光や電波が宇宙空間を永遠にただよっているからこそ起こる事件がその映画で描かれていたからだ。この映画はカール・セーガンのベストセラー小説『コンタクト』(邦訳、新潮社)をもとにつくられたもので、ビデオでも市販されている。

セーガンはコーネル大学で天文学を教えるかたわら、アメリカの惑星探査計画に参加し大きな成果をあげた。それでNASA功績賞を受けている。また『エデンの恐竜』(邦訳、秀潤社)でピューリッツァー賞を受けるなど、科学研究と文筆活動の両方に傑出した数少ない科学者の一人だ。その彼が目指していたものは、そう遠くない未来社会において、私たち人類が地球外生物と交信することだった。この小説もそんな彼の夢を描いたものだ。

幼い頃から宇宙にあこがれ、地球以外の星に棲《す》む知的生物との交流を生涯の夢として追い続けている女性天文学者エリー・アロウェイがその物語の主人公である。彼女は地球外知的生物の電波探査を行うアーガス計画に参加し、毎日宇宙からの電波を観測していた。そんなある日、地球からわずか二十六光年のところにある惑星ヴェガから発信されている変則的な電波を受信したのである。その電波を解析してみると、素数の数列が浮かびあがった。素数とは2、3、7や59、61、67というように、1とその数自身でしか割れない数であり、電波のなかにそういう数ばかりがのせられているとすれば、その電波は自然現象ではなく、なんらかの知的生物がつくったものとしか思えない。

そこでアロウェイ他アーガス計画に参画している科学者たちは色めき立ち、そこに何か異星人からのメッセージが含まれているのではないかと必死に解析する。その結果、彼らは驚くべき映像がその電波にのせられていたことを発見するのだ。

それは五十二年前、地球から宇宙空間に向けて飛んでいった電波だった。技師たちの技術を集めてそれをブラウン管に映し出してみると、ナチの鈎《かぎ》十字がはっきりと見え、ゆっくりと移動する画像は群衆に手をふるアドルフ・ヒットラーの笑顔に変わった。それは、一九三六年のオリンピック競技会で開会宣言をするヒットラーの映像だったのである。

そんな映像がどうして今頃になって惑星ヴェガから地球に送り込まれてきたのか。それは、ヴェガの知的生物が地球から宇宙空間に漏れ出たオリンピックのテレビ放送電波をとらえ、それを地球に送り返せば人類はヴェガ星人の存在に気づくと思ったからだ。そして彼らのメッセージに応えて、地球人はコンタクトしてくるに違いない。そう思って、彼らにコンタクトするための装置のつくり方も同じ電波に情報としてのせたのである。

物語ではアロウェイは仲間の四人とともに異星人と夢のようなコンタクトを果たすのだが、映画ではジョディ・フォスター演じるアロウェイだけが、彼女の父（ほんとうの父親ではないが心から父と慕っていた人物）に扮する異星人とコンタクトする。装置にのってヴェガまで十分足らずでワープする間の映像は手に汗にぎるものがあるので、この手のものが好きな人は必見である。また、この小説を読むと幻想的に描かれたコンタクトの様子がきわめて知的興奮を呼び起こされる。と同時に、宇宙の知性を円周率πに込めたところなどセーガンの手腕に感心してしまう。

物語の紹介はこのくらいにしておくが、私がなるほどと納得したのは、ヒットラーの映像についてである。一九三六年にドイツで開かれたオリンピックの開会式がテレビ放送された。そのため、開会式の模様についての情報をのせた電波が全世界に発信された。それは世界各地で受信されたであろうが、その電波は地球の外の宇宙空間にも拡散していたのだ。地球から漏れるように宇宙空間に出ていったその電波は、光速で二十六年間宇宙空間を飛んだ。それを惑星ヴェガの知的生物がとらえ、そのなかの情報を解読していたというわけである。そして新たに情報を加えて、ヴェガから地球に向けて電波が発信された。それはふたたび二十六年間光速で宇宙空間を飛んだ末、地球に到達した。地球人はその電波をとらえ、そのなかに込められた高度な情報を解読した……。

シュワルツは光が情報をのせて宇宙空間を永遠に飛んでいるというが、電波もまた様々な情報をのせて、宇宙空間を飛び続けるのである。この物語では、五十二年前に地球から出た電波が二十六年後にヴェガ星人によって改変させられ、その二十六年後にふたたび地球に戻ってきた。その電波のなかには、その電波自身のそういう経歴が込められている。地球がひとつのシステム、惑星ヴェガがもうひとつのシステムだとすると、そのふたつのシステムの間で、一往復ではあるが情報が改変されて交換されたとみることができる。そして、このふたつのシステム全体をひとつのシステムとみたとき、その情報交換のなかで「動的システム記憶」がつくられたともいえる。

宇宙は巨大なビデオカメラのよう

ここでふたたびシュワルツの話に戻ろう。彼はかわいい二歳の男の子だったとき、誰でもがそうであったように、駄々《だだ》をこねて泣いた。それを母親はあふれるばかりの日差しのなかで、優しく、時にはヒステリックに言い聞かせた。そしてその光景を情報としてのせた光が宇宙空間に飛び出した。十歳の頃のある日、あふれるばかりの日差しのなかで、彼は小学校に通っていた。その姿を情報としてのせた光もまた宇宙空間に飛び出した。その後彼はロックンロールのギタリストとして活躍する青年になった。やせた身体でギターを揺り動かしながら演奏する姿は、ステージを照らすまぶしい光のなかにあった。彼のその姿を情報としてのせた光もまた宇宙空間に飛び出していった。

ハーバード大学の博士課程で勉学にいそしんでいた彼は、やや太っていた。彼はフィードバック理論を考えながら、大学構内を歩いていた。その彼の映像をのせた光もまた宇宙空間に飛び出した。イェール大学の教授になると、彼はかなり太っていた。その映像をのせた光もまた、宇宙空間に飛び出していた。そしてバンクーバーのホテルで満月の月の光に照らされた彼の裸の映像は、光にのって宇宙空間に飛び出した。

そう、彼が今まで生きてきた人生のほとんどすべての映像は、光にのってその時々に宇宙空間に飛び出しているのである。彼が闇のなかにいたときは別としても、光のもとで生きてきた様《さま》は、すべて時々刻々その情報を光に含んだまま、宇宙空間を飛んでいる。

彼ばかりではない。これは私たちについても当てはまる。私たちが生まれてから今まで生きてきた時々刻々の映像は、光にのって宇宙空間を飛んでいるのだ。いや、そればかりではない。地球上に生きるすべての動物、植物、鉱物についても同じことがいえる。海や川、雪や雨もそうだ。森羅万象、そこに光があるかぎり、その時々刻々の映像情報は光にのって宇宙空間を飛んでいるのだ。

地球から飛び出して宇宙空間を飛んでいる光は、地球上のすべての情報を記録している。だから、そのような光を内包する宇宙空間は、巨大なビデオカメラであるといってもいい。私たちはビデオカメラで様々な映像を撮り、それをテープに記録しているからいつでも望むときにその映像を再生して見ることができる。同様に、どこか遠い星に生きている知的生物は、地球のすべての情報を光に記録する宇宙空間という巨大な記憶装置から、その情報を時々刻々取り出して見ることができるのではないか……。

その光（フォトン）は、科学者という立場にいるシュワルツやルセックにとって、波と粒子の性質をあわせもつ、質量のない〝死んでいる〟存在にすぎなかった。しかし、バンクーバーのホテルでの不思議な体験は、シュワルツに非常に悩ましい疑問を投げかけることになったのである。もしかすると、私の裸の形という情報をのせて宇宙空間に飛び出した光は〝生きている〟のではないか？　そして、様々な形に進化しながら宇宙空間に記憶され、永遠に生き続けるのではないか？　それは彼の体験が、科学の枠を越えた神秘的なものだったからなのだろうか。しかし、そうとばかりはいえない。現代科学や現代哲学がこの種の、かつては神秘的と思われていた領域に踏み込んできているからである。

脳組織から生み出されるフォトン——意識と記憶は「光」から生じる？

私は何年か前から「量子場脳理論」に注目している。日本人物理学者の梅沢博臣博士と高橋康博士によって提唱された、脳と心に関する新しい科学理論だ。梅沢博士は惜しくも一九九五年アメリカの病院で亡くなられているが、彼は二十歳代で「場の量子論」の教科書を書いたというたいへんな天才だった。日本の誇る最初のノーベル物理学賞受賞者湯川秀樹博士の推薦で東京大学の教授になったが、すぐにイタリアのナポリ大学に移って多くの物理学者を育てた。その後はアメリカとカナダに在住し、場の量子論を発展させた。高橋博士は名古屋大学の学生時代、ほとんど大学には行かず独力で物理学を身につけたという。彼がカナダのアルバータ大学の教授になったとき先輩の梅沢博士を迎え、ふたりで量子場脳理論をつくり出していった。

この理論によると、人間の記憶や意識などの高度な機能は量子的現象によって生み出されており、人間の心は脳ニューロンの内外に広がった量子場で繰り広げられる現象ということになる。最近になって、脳ニューロンの内外に広がった量子場をつくっているのは、ニューロンの細胞膜近くにある「結合水」であることがわかったという。結合水というのは無数の水分子が秩序だって運動しているもので、それ全体が水分子の集合した大きな物質のようになっている。たとえばプールでシンクロナイズドスイミングの選手たちが美しい演技をしているとしてみよう。彼女たちの一人一人が水分子だとすると、結合水というのは、シンクロしながら運動する彼女たち全体のことだ。そして彼女たちが音楽にのってシンクロするように、結合水が秩序だった運動をするには電磁場がなくてはならない。

第1章で述べたように、電磁場はフォトンによってつくられているわけだから、この結合水には電磁場やフォトンも含まれていなければならないのである。

この理論は難解であるが、要は、心や意識、記憶といった現象は、この結合水のなかに含まれるフォトン（光子）によって生み出されるものであるということだ。とりわけ注目に値する大胆な結論は、心の実体がそのフォトンの凝集体であるという点にある。今までの科学では、心や意識、記憶といった現象は脳内のニューロンから分泌される神経ホルモンのような生化学物質や電気信号のやり取りによって生み出されるとしているが、量子場脳理論ではそれらは二次的なものであり、脳のなかの量子場におけるフォトンによる現象が本質的であるとするのである。

ノートルダム清心女子大学の治部《じぶ》眞里さんはこの理論を解説した『脳と心の量子論』（講談社）で、フォトンには二種類あり、ひとつは私たちがふつうに見る光、もうひとつはふつう私たちには見えない光で、それは脳細胞組織のまわりにまとわりついているものだという。第1章（四七〜五一ページ）で電磁気力がフォトンの交換によって生じるということを述べたが、そのようなフォトンが脳細胞組織にまとわりついているのであろうか。脳は一種の生体電磁場におおわれているという大雑把《おおざっぱ》な見方をしてみよう。そうすると、その電磁場のなかで、フォトンが活躍していてもおかしくはない。

治部さんによると、脳のなかの量子場で活躍するフォトンはふつうの光よりも少し重く、「隠れ光子」と呼ばれているという。その光が運動することによって意識が生じているという。もしそれが本当だとすると、かなりおもしろいことがいえる。意識が生じているということは、私たちが〝生きている〟と感じることに他ならないので、脳のなかでフォトンが活躍することで意識が生じるのならば、フォトンはその意味で〝生きている〟といってもいいのではないか。

バンクーバーの豪華なホテルで夜景を見つめて立つ裸のシュワルツという情報をのせて宇宙空間に飛び出した光は、この隠れ光子とは違うかもしれない。しかし宇宙空間で光が運動していることは、もしかすると宇宙に意識のようなものを生み出しているのではないだろうか。あるいは、光の運動そのものが宇宙の意識なのではないだろうか。そしてそのような意味において、宇宙は生きているのではないだろうか。

意識はそれ自体が「宇宙の基本的特性」である

デイヴィッド・チャーマーズという気鋭の哲学者がいる。一九六六年シドニーに生まれたので、まだ若いが心の哲学やそれに関連する認知科学の分野で特異な活躍をしていることで、最近世界的に注目を集めている。一九八二年のオーストラリア数学オリンピックで一等賞を取り、同年の国際オリンピックでも三等賞になったというほど数学が得意である。しかし、その後は心の哲学に興味の対象を移し、インディアナ大学で哲学と認知科学の学位を取った。現在はシュワルツのいるアリゾナ大学で哲学教授および意識研究センターの所長を務めている。彼の研究テーマはズバリ意識である。一九九六年に出版した大著『意識する心』(邦訳、白揚社)は彼の意識に関する見解を雄弁に物語り、世界の学会に一大センセーションを巻き起こした。

専門的かつ哲学的言い回しが多く分厚い本なので読むのは容易ではない。しかし読み始めると、門外漢の探検家がまるで哲学の迷宮をさまようようなおもしろさをおぼえる。この本で彼は、意識とは何かを真剣に考え、結論として、意識は物質的な現象に還元できないもうひとつの自然現象であるとした。そして物質的な現象が既存の物理学で解明できるように、意識の自然現象は精神物理学とでもいうべき新しい理論で解明できるだろうというのである。意識が物質現象に還元できないもうひとつの自然現象であるということは、エネルギーや質量が宇宙の基本的特性として存在するように、意識もまた宇宙の基本的な特性として存在するということでもある。そしてあらゆるものにレベルの差こそあれ意識が内包されていて当然ということにもなる。つまり、昔からいうところの、物心二元論の改訂版とみられなくもない。

したがって一見大したこともないように思えるこの考え方がなぜ世界的に注目されたのか？ 私見ではあるが、それはおそらく彼一流の論理展開により大家たちの意識に関する考え方の欠陥を指摘し、彼らの説を否定したからだろう。たとえばロジャー・ペンローズという大家がいる。彼は数学者でもあり物理学者でもあって、輝かしい多くの業績を上げており、数々の賞を受賞している。その彼が意識や心の研究に取り組み、私たちの世界観を変えるような仮説を提唱して多くの人たちに影響を与えた。

その仮説とは、私たちの意識現象は、脳ニューロンの骨格にみられる微小管というタンパク質構造体のなかで、量子レベルの現象が起こることによるというものだ。少々むずかしくなるが、なんらかの重力効果により量子的波動関数の崩壊（つまり、粒子が波のように同時に何ヵ所にでも存在するようにふるまうことがなくなる）が起こるのだが、その崩壊現象が微小管で起こることが、私たちの意識体験につながっているというのである。しかしチャーマーズは、なぜ微小管内の量子的現象が意識を生じさせなければならないのか理解に苦しむとあっさりと言ってのけたのだ。当然のことながら、彼にしてみれば前述の結合水に含まれるフォトンの運動から意識が生じると言っても、受け入れることはできない。意識を生じさせる物理的過程がどんなものであるとしても、それらは大同小異なのだ。

また量子は非局在性という特性をもっているという理論がある。わかりやすくいうと、ある素粒子が一ヵ所に局在しているのではなく、同時に何ヵ所にも存在しているようにふるまっているとする理論だ。これが意識を考えるうえで重要ではないかという大家たちがいるのである。彼らは時に量子の非局在性ゆえに宇宙的な意識が存在するとさえ主張する。しかしチャーマーズは、意識がまったく存在しなくても量子の非局在的現象は起こりうるので、この説も理解に苦しむという。

彼はいかなる物理的な過程に意識がともなうといっても、意識体験は意識体験であって、その体験は物理的過程のさらにその先にあるもうひとつの事実であるとして譲らないのだ。その体験とは、ある人が赤い花を見てそれを赤い花であると認識する体験、あるいは赤いという質感をともなって認識される体験であり、それ自体が独立に現象して存在するものである。つまり意識体験自体は、体験そのものとして存在する。なぜなら意識は、物質に還元して説明できる様々な現象とは別個の自然現象だからである。あるいは、意識は宇宙の基本的な特性として存在するものだからだ。

ここで、もし意識があるということは〝生きている〟ことと同じであるとすると、意識は宇宙の基本的な特性であるとするチャーマーズの哲学にしたがえば、宇宙とそれを構成するすべてのものは〝生きている〟ということになる。そしてその考えは、シュワルツの仮説の重要な結論のひとつでもあるのだ。

宇宙の意識は、自分自身の過去を追憶する

最近、日本の技術によってハワイのマウナケア山の頂上に「すばる望遠鏡」ができた。日本の文部科学省国立天文台が一九九一年から建設を始めたハワイ観測所が一九九九年からこの望遠鏡で試験観測を始め、現在は本格的に稼働している。口径八・二メートルという大型できわめて精度の高い光学赤外線望遠鏡である。この望遠鏡が観測した美しい宇宙の映像がＮＨＫテレビなどで紹介され、写真集も出版されている。また、「すばる望遠鏡」のホームページにアクセスすれば、誰でも最新の観測結果が楽しめるようになった。

それらの素晴らしい映像を見ると、宇宙とはいったいなんだろうとあらためて考えさせられてしまう。と同時に、現在の科学的知識からいえるある事実に愕然とする。それは、いかなる精度の良い望遠鏡で観察しようが、私たちが目にするものはすべて過去の世界であるということだ。

なぜ宇宙には
こんなにたくさんの星があるのだろう

みんな輝いているのは恒星？
それとも惑星？
でもね、みんな過去の姿なんだ
僕たちには過去の姿しか見えないんだ
だって、その時から何十億年もかかって
光が旅してきたんだからね

そう、僕たちの視界すべてが
パースト・ワールド！

——詩集『心的惑星圏』「すばる望遠鏡」より

私たちの目にするものはすべて皆、光にのった情報としてやってくる。すばる望遠鏡が赤外線をとらえて宇宙の姿を私たちに見せてくれるとしても、話は同じだ。赤外線も光の仲間だからだ。しかし、その光にのった映像は私たちがそれを見ている今という瞬間のものではない。なぜなら光が毎秒約三十万キロメートルの速度でしか、宇宙空間を伝わらないからだ。光にのった銀河や星々の情報は長い時間をかけてやっと私たちの目に届く。その時間は、その天体が遠ければ遠いほど長い。つまり、遠い天体ほど、私たちが目にする映像は遠い過去のものとなる。

たとえば最近すばる望遠鏡がとらえた「星形成銀河（ＬＡＥ J1044-0130）」は、百四十億光年の距離にある。つまり、その映像情報をのせた光が百四十億年宇宙空間を飛んだ末に、やっと私たちの目に届いたことになる。現在の科学で信じられているように、宇宙が生まれてから今まで百三十～百五十億年が経過しているとすると、その銀河は宇宙が生まれてからほんのわずかしか経っていないころのものということになる。この銀河は水素ガスを宇宙空間に高速で吹き出し、銀河内部では星が活発に形成されているようなので、今後の研究で初期の宇宙でどのように星がつくられたのかが明らかにされていくだろう。

当然のことながら、近い星ほど私たちは現在に近いその星の映像を見ることができる。しかし、いくら近い星でも、私たちが見るその映像は、その星から光が飛んでくるのに必要だった時間だけ過去のものであることに違いはない。星でなくても同じだ。私があなたと対面して話をしているときも、私が見るあなたの映像は、今という瞬間よりもほんの一瞬だけ過去のものなのだ。

こういう現象がなぜ起こるのかというと、すべて光が空間を飛ぶのに時間がかかることから起こるのだが、光が宇宙を飛んでいるとき、宇宙自身はどのような〝体験〟をしているのだろう。私にはそれが一種の〝意識体験〟であると思えて仕方がない。まるで光に現在起こっている現象を記憶させ、その光を宇宙空間にあまねく巡らすことによって、過去を追憶している。そんな意識体験のような気がしてならないのだが、シュワルツが「宇宙は生きている」ということから連想して私がそう思うのは、あまりに飛躍しすぎているだろうか。

「シュワルツの仮説」が導く新たな世界観

これまでのまとめとして、「シュワルツの仮説」を私なりに単純化していうと、次のようになる。

「自然界のすべてのものは、なんらかのシステムによって構成されており、それらのシステムはお互いに様々なレベルで情報、つまり一種の〝エネルギー〟を交換し合っている。その交換の間に、それらのシステムのなかに記憶と呼ぶべきものが蓄えられる。そのメカニズムは、もっとも単純化したふたつの共鳴する音叉の現象に還元して説明することができる」

これはこの仮説のもっとも基礎的な部分であり、これだけの原理でも充分に、次章に述べるように今まで未知であったものに新しい解釈を与えることができる。

さらに、シュワルツの仮説は私たちを次のような世界観に導く。

「この宇宙のすべてのものは、永遠であり、生きていて、進化し続ける。すべてのものとは、動物、植物、川、雲、惑星、恒星、電子、陽子、波、粒子、そして光、等々である。これらはなんらかのシステムを複雑に構成しており、そのすべてのシステムは基本的に永遠で、生きていて、進化する記憶を蓄えている。つまりこの宇宙そのものが全体として生きていて、記憶し、自己改変するプロセスに

なっている。それは『生きているエネルギー宇宙』とでも呼ぶにふさわしい。なぜなら、この宇宙に存在するものはすべてなんらかの形で『情報エネルギーシステム』となっているからだ。そして、それらが複雑に相互作用した全体もまた、宇宙という『情報エネルギーシステム』になっている」

つまり、シュワルツは、この世界は全体としてひとつの巨大な「情報エネルギーシステム」になっているというのである。

私たちの「魂」とは「情報エネルギーシステム」である?

ところで、私たちの「魂」や「死後の意識生存」についても、この「情報エネルギーシステム」で説明できるとシュワルツは考えている。彼が若いころ「幽体離脱」をした経験があり、それが年を重ねた彼にこの問題を考えさせた原動力になったのであろうか。

シュワルツは、十七歳のときあるステージに立ってギター演奏をしていた。ジャズのソロ演奏としゃれ込んで、彼の好きだったガーシュインの「サマータイム」を。もう百回以上弾いていた曲だ。その時彼の指は自動的に動き始め、感じる時間の経過速度が妙に遅くなり始めた。すると、ギターをかかえて演奏する自分の後ろ上方に自分の意識があって、それが演奏する自分を見つめていたのだ。世にいう「幽体離脱」体験である。そのときの演奏は今までにない最高の出来だったと、彼の仲間たちは口々にいった。

ご存知の方も多いと思うが、「幽体」とは「魂」あるいは「意識をもった一種のエネルギー体」といいかえることができると、少なからぬ人々に信じられている。そういうものが私たちの肉体のなかに宿っていて、私たちは通常の生命活動をしているというのだが、なにかのきっかけでそのエネルギー体が肉体を抜け出そうとすることがある、それを「幽体離脱」というわけだ。肉体を抜け出そうとしたそのエネルギー体はたいていの場合、シュワルツの体験のときのように、すぐに同じ肉体に戻ってくるが、人が死ぬときは、その幽体は肉体から完全に離脱してそのとき宿っていた肉体に戻ってくることはないという。

最近、スイスのオラフ・ブランケ博士をはじめとする研究チームが、右脳の聴覚野の後ろにある部分（角回《かくかい》=angular gyrus）を電気刺激すると幽体離脱感覚が引き起こされることを発見した。四十三歳の女性てんかん患者の治療のため、発作の原因となる脳の部分を見つけようとして脳に電極を差し込んで電気刺激しているうちに見つかったものだ。この患者は脳のその部分に刺激を受けると、「ベッドの上二メートルほどのところに浮かんでいるような感覚がする」などの体験をしたのだ。

このような最新の脳科学の成果を突きつけられると、私たちは、「幽体離脱だって脳のなかの現象にすぎない。魂などというものが肉体を抜け出すというのは嘘だったのか」と思ってしまうかもしれない。しかし興味深いことにブランケ博士は、今回の発見で、決してそういうことが証明されたわけではないという。ブランケ博士たちが電気刺激した患者の脳の部分は、視覚情報と身体の空間位置感覚（平衡感覚）を統合するところなので、この情報処理がうまくできないときに幽体離脱を感じるらしいことがわかっただけだというのだ。

前章でも少し紹介したロバート・シブレルドの『魂の科学』には、四人に一人は一生のうちに少なくとも一回の「幽体離脱」体験をしているとあるので、シュワルツの体験もそうとりたてて珍しいものではなく、彼が霊媒体質であるということもないだろう。残念ながら私にはそういう経験をしたことがないので、その種の体験者としての意見を書くことはできないが、シュワルツにいわせると、このようなことが起こるのは、私たちの意識がひとつの「情報エネルギーシステム」になっているからではないかという。このことにより、私たちの意識は死後もなんらかの形で生き続けている可能性があるというのだ。この点については、第4章でもう少し詳しく述べてみたい。

私たちの「魂」や「意識をもった一種のエネルギー体」が「情報エネルギーシステム」だとすると、それらは〝私たちの情報〟を含んだものということになる。わかりやすく単純化していうと、私たちの魂や意識は、光に情報がのっているようなひとつのシステムであるということだ。

第3章 物質は、すべてを記憶する

それは月齢によって輝きを変えるという
たとえば新月には淡い蒼色に　満月には白色光に
それは何億年もかけて月のしずくを固めたから？
それとも、あなたの記憶を宿しているから？

——詩集『心的惑星圏』「月光石」より

ホメオパシーで転落事故から奇跡的に生還した女性

欧米で、もっとも歴史のある代替医療のひとつとして知られているものに、ホメオパシー（同種療法）がある。二十一世紀のホリスティック（全人的）医療の有望株として期待されているこのホメオパシーは、植物や動物、鉱物など自然界の資源から採った妙薬を相当量の水で高度に薄めて服用することにより、病気を治すというものだ。その薬は、飲むとある症状を起こす物質なのだが、それを大量の水で薄めて飲むと、病気で同じ症状を起こしている人を治すのである。その治癒力は、その症状をもつ患者の自然治癒力を刺激するからだといわれている。

一方、世界の主流医療となっている西洋医学は、病気を抑え込むことによって患者を治療しようとする。たとえば高熱が出ればその熱を下げる薬を使い、下痢をしていればそれを止める薬を使う。それは患者の自然治癒力に蓋《ふた》をするやり方でもあるので、思わぬ副作用が出たり、後になって抑え込まれた症状が複雑な形の病気となって現れることもある。その点ホメオパシーは患者の自然治癒力によって病気を治すので、完治しやすい。このホメオパシーがシュワルツの仮説で説明できるのだが、その治療法がしばしば見事な効果を発揮しているので、まずその例をいくつか紹介しておこう。

パットは二十歳になる女性だった。彼女はある土曜の夜、パーティーでアルコールを飲み過ぎてしまった。車を運転して自宅へ帰ろうとしたところが、途中で運転を誤り崖から車もろとも転落してしまった。死んでもおかしくないくらいの事故だったが、彼女は奇跡的に生きていた。身体のあちこちに打撲傷を負い、なかでも頭の打撲が深刻だった。

看護婦であった彼女の母親が、ホメオパシー医として著名なビル・グレー博士を知っていたので、娘の容態を見かねた母親はグレー博士に診察を依頼した。グレー博士が病院でパットを診察したとき、彼女の前頭部は青黒く腫れていて、両目は膨《ふく》れてふさがれていた。前頭部にある二十五センチ以上の長さにわたって縫い合わせた跡が痛々しかった。事故から十日経ってもまだ脳震盪《のうしんとう》の兆候がみられた。新聞を見てもそこに書いてある言葉を把握することができないのだ。それに心の状態がひどく鈍くて重い。しかし、彼女はそれでもゆっくりとなら話すことができた。

グレー博士はそんな彼女にためらいもなくアーニカというレメディー（ホメオパシー薬）を処方した。彼女のような患者に投与する典型的なレメディーだからだ。博士がパットの口にそのレメディーを入れると、彼女はそれをまるで小さな飴玉のようにポリポリと噛み、飲み込んだ。治療はそれだけだった。博士は自分のグレー医院に帰った。

そして翌日のこと。グレー医院の受付に若く魅力的な女性が診療の予約を取りに来た。グレー博士は彼女を以前どこかで見たような気がしたが、それが誰なのかわからなかった。彼女の前頭部に二十センチ以上の長さの傷跡を見るまでは……。そう、それは全快したパットに他ならなかったのである。前頭部の青黒い腫れも、まぶたの腫れもすっかりなくなっていた。パットによると、グレー医師が処方したレメディーを飲んでから数時間のうちに気分がすっきりしてきて、新聞も読めるようになったという。それは事故後十日間で初めてのことだった。もちろん、すぐに退院の許可がでた。

ホメオパシーで視覚を取り戻した医師

アンドリューという医師は十五年ほど前交通事故にあって以来、失明していた。その日は悪天候のところを家族と一緒にドライブしていて、事故にあったのだった。彼のふたりの子供と妻は亡くなった。アンドリュー自身は命を取りとめたものの、十ヵ月もの間、集中治療室に入ったままだった。彼はその後快復したが、脳の損傷は脳神経にも及んでおり、そのための失明だった。

ある日彼はホメオパシーについての学会に出席した。グレー医師たちと話す機会があり、彼がまだアーニカというレメディーを服用したことがないことがわかった。このレメディーはしばしば顕著な効果を発揮する。そこでグレー医師たちはそれをアンドリューに与えた。そして彼はその晩、それを飲んでから就寝した。彼は非常に鮮明な夢を見て目覚めた。時計を見ると午前三時だった。なんと、彼はその時計を見ることができたのだ。それ以来、彼の視覚は正常のままだという。

心臓発作を治したホメオパシー

グレー博士が病院の救急室に勤務していた頃のことだ。マヌエルという泥酔した農夫が胸の痛みと荒い呼吸の症状をかかえて運ばれてきた。博士は彼をすぐに集中治療室に入れた。彼の顔は青ざめ、冷や汗をかいておりショック症状を呈していたからだ。

いくつかの検査を手早く行った結果、心臓麻痺を起こしているのは明らかだった。胸のレントゲンを撮ると、彼の肺の半分くらいが体液に満たされていた。非常に危険な状態だった。そういう場合、すぐに心臓の治療に取りかかるのがふつうだが、マヌエルは大量のアルコールで肝臓をやられていたので博士は躊躇《ちゅうちょ》した。博士は集中治療室の看護婦長の同意を得て、とりあえずホメオパシー治療で様子を見ることにした。

最初の一時間はアーニカを十五分ごとに与え、次の六時間は一時間ごとに与えた。すると、胸の痛み、ショック症状、そして荒い呼吸症状がすぐに消えてしまったので、博士は、通常心臓麻痺に対して行う治療をついに行わなかった。翌日胸のレントゲン写真を撮ると、肺を満たしていた液体はきれいになくなっていた。二、三日もするとすっかり快復したが、退院すると彼はまた煙草を吸うだろうと思って、博士は退院させたくなかった。しかし二年後博士を訪れたマヌエルは見違えるようだった。退院後は酒も煙草もすっかりやめ、心臓病の症状も一度もでていないというのだ。

自殺願望を消すホメオパシー

ホメオパシーは身体の病気ばかりでなく、心の病にも大きな効き目を示すことがある。ホメオパシー医であるウルマン博士夫妻によると、衝動的な自殺願望さえ消すことがあるという。

ジョンという男性は、恋人と別れた同じ日に仕事までも失ってしまった。失意のどん底に落ちた彼は、一片の書き置きを残して失踪《しっそう》した。その書き置きには、「自分は人生の落伍者だ、橋から飛び降りて死ぬ」と書かれてあった。それを見た彼女は警察へ電話するとともに、ホメオパシー医に相談した。医師はアウラム・メタリカムというレメディーを処方した。これは「服用金」といって、自分を落伍者と思いこんだり、絶望的人生から逃避するために自殺を真剣に考えるような心の状態に著しい効果を発揮するレメディーとして知られている。

彼女の届け出により、警察は橋の上でまさに飛び降り自殺をしようとしているジョンを発見し、連れ戻したが、彼は部屋の隅でただ縮こまるばかりだった。そんな彼に彼女はそのレメディーを与えた。すると、二、三時間後には彼の心のなかから自殺願望が消えたのである。その後彼はホメオパシー療法を受け続け、建築設計者として成功したという。

注意力欠損を救うホメオパシー

十六歳になるシャロンという女性は、子供の時から注意力を集中させて物事を行うことができなかった。ちょっとした物音や周囲の物事が気になって、ちょっとした時間でもあるひとつのことに注意を向け続けることができない。学校でテストを受けることなどは大の苦手。教科書も集中して読むことができない。それで何をするかというと、授業中とりとめもなくおしゃべりをするとか、席を立って教室のなかをふらふらと歩きまわる。最近子供たちに増えているので話題になっている症候群のひとつだ。そういう症候群に一般的に処方される薬を与えられていたシャロンの症状はいっこうに良くならなかった。そこで家族のかかりつけの医者が、ホメオパシー医を紹介した。

ウルマン博士夫妻によると、彼女に処方されたレメディーはベラトリン。彼女の場合は少し時間がかかったが、そのレメディーを服用し始めて五週間もすると症状は非常に良くなってきた。学校の成績も上がり、いつもそわそわしているということもなくなった。ところがその後彼女はコーヒー飴《あめ》をなめる習慣をつけたため、レメディーの効果がなくなったという。コーヒーはホメオパシー治療の効果を消す作用があるという。そのため三ヵ月後にもう一度同じレメディーを服用し、今度は自分をコントロールできるようになって、彼女の注意力欠損という問題は消えていったという。

ホメオパシーは他のどんな治療法よりも治癒率が高い？

以上五例ほど劇的に効いたホメオパシーの例を紹介したが、欧米の関連書物にはこのほかにたくさんの治癒例が紹介されている。といって、安易にホメオパシーが万能だと盲信しないでいただきたい。世の中にはいろいろな治療法があり、それぞれに特徴があって、時と場合により最適の治療法を選択すべきだと思うからだ。

かつてマハトマ・ガンジーは「ホメオパシーは他のどんな治療法よりも治癒率が高い」といったといわれているが、はたしてホメオパシーは医療としてどのくらい有効なのだろうか。この点について、グレー博士は『ホメオパシー・科学か偽説か?』（*Homeopathy: Science or Myth?*）という本に客観的データを集めているので紹介しておこう。

まず乳幼児の急性下痢について。ニカラグアのホメオパシー医、ジェニファー・ヤコブスによると、ニカラグアのレオンにおいて、生後六ヵ月から五歳までの八十一人の乳幼児の急性下痢患者に対し、ホメオパシーのレメディー、そして対照としての偽薬（プラシーボともいい、薬効成分の入っていないニセモノの薬）を与えてその治療効果を比較した。下痢症状の続く時間と交換する便器の数を指標に統計的解析をした結果、レメディーを与えた方が明らかに早く快復した。

アルコール・麻薬依存症について。アメリカのホメオパシー医、スーザン・ガルシア・スウェインによると、七百三十人の患者について三十日間の通常の治療と心理的セラピーを行う前に、ホメオパシーのレメディーを服用（一回だけ）した場合と、偽薬を服用した場合、そして何も服用しなかった場合で、十八ヵ月後の尿検査からアルコール・麻薬の検出を行った。その結果、驚くべきことにレメディーをたった一回だが服用したグループは、そうでなかったグループより二倍以上も依存症の再発率が低かった。すなわち、レメディーを服用したグループの再発率三十二パーセント、偽薬服用グループ六十八パーセント、何も服用しなかったグループ七十二パーセント。

偏頭痛について。サーペロニ・ブリゴ博士によると、偏頭痛の患者六十人を三十人ずつのグループに分け、偏頭痛時、患者にホメオパシーのレメディーを与えた場合と、偽薬を与えた場合を比較すると、明らかにレメディーを与えた後の方が痛みが少なくなった。この場合、盲検法といって、患者も医者も処方するものがレメディーなのか偽薬なのかわからないようにしておいた。

その他数々のデータがある。妊娠中にホメオパシーのレメディーを一日二回服用しておくと、お産にかかる時間がふつう八〜九時間かかるのに対しほぼ五時間と短くなる。インフルエンザもホメオパシーのレメディーを与えた方が偽薬を与えるよりも治癒率がよい。花粉症も同じくレメディーの効果が認められる、さらにエイズにも効果がありそう等々である。ただし、がんについてホメオパシーが有効かどうかの調査はまだ行われていないようだ。

日本や中国には漢方薬というものがある。自然生薬の処方により、慢性病を治すことを得意とするが、漢方薬は患者の体質や症状をよく吟味しないとその患者にもっとも適する漢方薬を選ぶことができず、治療が空回りすることもある。ホメオパシーについても同じことがいえるようで、動植物や鉱物など自然物からつくられるレメディーも、人や症状によっては有効性を発揮できないこともあるらしい。そのためホメオパシーの専門医は診察に十分な時間をかけるという。また、レメディーを飲んだら直ちに効くということでなく、ある期間服用し続けることが必要なこともあるらしい。また漢方薬はだいたい薬効成分を煮出して温かい薬として飲むが、ホメオパシーのレメディーは温めるほど効力が失われ、直射日光に当ててもダメだという。コーヒー、ミント、芳香性の強い物質、また電磁波などもレメディーの効力を奪うといわれている。

それはドイツ人医師ハーネマンによって発見された

ホメオパシーはドイツ人医師サミュエル・ハーネマン（一七五五～一八四三）によって発見された。医師として非常に良心的だった彼は、医療方法に疑問をもって、一時医師をやめてしまったことがある。当時の医療方法にとても危険なものがあり、医師としてそんな方法を患者に施すことはできなかったからであろう。たとえば根拠もなく患者を無理やり吐かせたり、薬剤で下痢をさせたり、大量に汗をかかせる。瀉血《しゃけつ》といって、血管を切ってある量の血液を排出させたり、ヒルを身体に貼りつけて血を吸わせる、あるいは毒物を飲ませるといった具合だ。

優秀な医師であった彼は、そのような治療法がかえって患者の苦しみを長引かせ、命を縮めることを見抜いていたのだ。当時のそのような医療行為の無謀さは、たとえばアメリカ大統領ジョージ・ワシントンは解熱という名目で瀉血医療を何度も施され、それが原因で亡くなったという事実からもうかがえる。私たちが愚かな人間ゆえにそのような無謀な医療が行われたといってしまえばそれまでだが、科学の枠を集めたという現代医学の治療法が、そう遠くない将来に無謀なものだったといわれないことを望むばかりだ。

医者をやめた彼は、少なくとも七ヵ国語に堪能だったという得意な語学を生かして、医学書の翻訳家として生活していた。彼はあるときウィリアム・カランというスコットランドの医師が書いた本を翻訳していた。その本のなかでカラン医師は、マラリアの特効薬として知られるキナノキの皮が苦《にが》いから、それがマラリアにきくと書いていた。後にキナノキにキニーネという特効成分が含まれているから、マラリアに効くことがわかるのだが、ハーネマンは、カランのこの記述に疑問をいだいた。苦いものなら他にもたくさんあるのに、なぜキナノキの皮だけがマラリアに効くのか？

そこでハーネマンはキナノキの皮の抽出液を自分で飲んでみたのである。するとマラリアに特有の悪寒、脱力感、発汗という症状が現れた。そこで彼はキナノキの皮のなかに含まれる成分が、マラリアにかかったときと同じ症状をつくり出し、そのことによってマラリアが治るのではないかと思った。昔から知られている「類似の法則」である。これはたとえばギリシャのヒポクラテスも気づいており、書物に書き残している。「類は類をもって癒す」というものだ。

そこでハーネマンはキナノキの皮だけではなく、自然にある植物や鉱物などでも、健康な人がそれを服用したとき現れる症状とそっくりの症状をもつ病気を治せるのではないかと考えた。そして家族や友人などの協力を得て、その種の薬物を次々に発見していったのである。そしてそのような薬物で治療するシステムを、ギリシャ語で「類似」を意味する「homoios」と「苦痛」を意味する「pathos」

を合わせて「ホメオパシー」と名づけた。その治療効果は抜群だったため、当時の一般的な医者たちはそれを疎《うと》み、その奇妙な治療法に猛反対した。そのため彼は、ドイツ医療のメッカ、ライプチヒを立ち去らざるを得なくなったという。しかし彼を頼る患者数は多くなる一方で、彼の亡くなる八十八歳頃には彼の業績は社会的に認められるようになった。

その後ホメオパシーは欧米を中心に広まり、専門学校が設立されるまでになったが、アメリカの医師会と製薬会社の猛烈な反対やペニシリンなどの新薬発見により、二十世紀半ばには影をひそめることになった。ところがその後アメリカで、スピリチュアルで健康的な生き方を追求する人たちが増え始め、彼らを中心にしてサプルメント（自然のビタミン剤）やハーブ、ホメオパシーなどのより自然に近い代替医療が注目され始めるのである。その流れにのって、現在では欧米を中心にホメオパシーはかなり浸透しており、とくにアメリカでは三人に一人以上がホメオパシーを含むなんらかの代替医療を使うまでに発展している。ホメオパシーを得意とする医師も増える一方だ。

その点、日本はまだ、かなり遅れている。ホメオパシーのことを知る医師は少なく、私たち患者側の知識も乏しい。それに加えて、通常行われている西洋医学の常識や考え方との違いが大きすぎて、信頼できるホメオパシー医の懇切丁寧なアドバイスがないかぎり、ふつうの人はこの治療を受けがたい。ホメオパシーが優れた代替療法なので、私はそういう日本の医療現況を見るにつけ、残念でならない。しかし、日本でもまだ数は少ないながらも、医師や医学者たちがこの治療法を研究し始めていることも確かだ。専門の医師による優れた解説書（たとえば渡辺順二著『癒しのホメオパシー』〈地湧社〉など）も出され始めたので、日本におけるホメオパシーの今後の発展を、私はおおいに期待しているところだ。

なぜ、「類は類を癒す」のか？

ホメオパシーはまず患者個人をひとつの全体としてとらえ、その全体の生命力を強める医療である。もともと生体組織というものは毒物やストレスに対して感受性があり、遺伝的な限界があってもその範囲内でそれらに最良の方法で対処するものだ。たとえばウイルスが生体に侵入し毒素を体中にばらまき始めると、生体はいっせいにそのウイルスを殺しにかかる。そのため発熱したり、血圧を上げたりしながら免疫系が大活躍する。

また私たちは、慢性的なストレスや、怒りなどのマイナスの感情をいだく習慣が災いして、病気になることがある。そんな場合でも、私たちの身体は恒常性を維持する性質（ホメオスタシス）をもっているので、身体はバランスを保とうとする力を発揮して、病気を治そうとする。このような免疫力や恒常性維持力は、私たちの身体が本来もっている自然治癒力の一部なのである。ホメオパシーはそれらの力を少し刺激し、高めて、自然治癒の過程を早く終わらせることで病気を治すわけだ。

それではなぜ、類は類を癒すのか？　レメディーの服用によって出てくる症状とそっくりな症状の病気に、なぜそのレメディーが効くのか？　たとえばミツバチに刺されたときやそれと似た症状の病気にミツバチの毒液が効く。これは、なぜか？　なかなかに難しい問題である。まだ科学的には解明されていないからだ。ある本のなかに、オペラ歌手がそのすさまじい声の振動だけでワイングラスを割ることができるように、レメディーの強力な「振動」が患者の病状に共鳴して、その症状を破壊してしまうから、類は類を癒すのではないかといいたげな記述があった。はたして本当だろうか。

ホメオパシーの解説書を何冊か読んでいるうちに、私は、類が類を癒す理由を次のように考えるようになった。

一二六ページの図4を見ていただきたい。音叉がまっすぐに立っている。これを健康な人の状態としよう。しかしこの人が病気にかかると、音叉は斜めに傾く。そして振動をし始める。この振動が病気によって現れる症状だ。病気になった音叉は一生懸命に振動エネルギーを発して、音叉をもとの垂直な状態にもどそうとする。そのエネルギーは生体がもともと備えている自然治癒力から来る。

たとえば、風邪のウイルスに感染すると発熱するのは、音叉が斜めに傾き振動しているからである。身体の自然治癒力が風邪のウイルスを殺そうとしている状態である。また、ストレスのため胃潰瘍になって胃が痛むのは、音叉が斜めに傾いて振動しているからである。身体の自然治癒力がストレスを取り除こうと必死になっているのである。つまり音叉は、もとの垂直な状態にもどろうとして全力をあげているのである。そこに、外からエネルギーを与えて、この音叉が垂直になるのを助けてやる。それがホメオパシー治療である。

したがって、病気の症状によって振動している音叉とまったく同じ振動数で振動しているエネルギーを外から加える必要があるのだ。そのエネルギーとは、レメディーに他ならない。レメディーは、

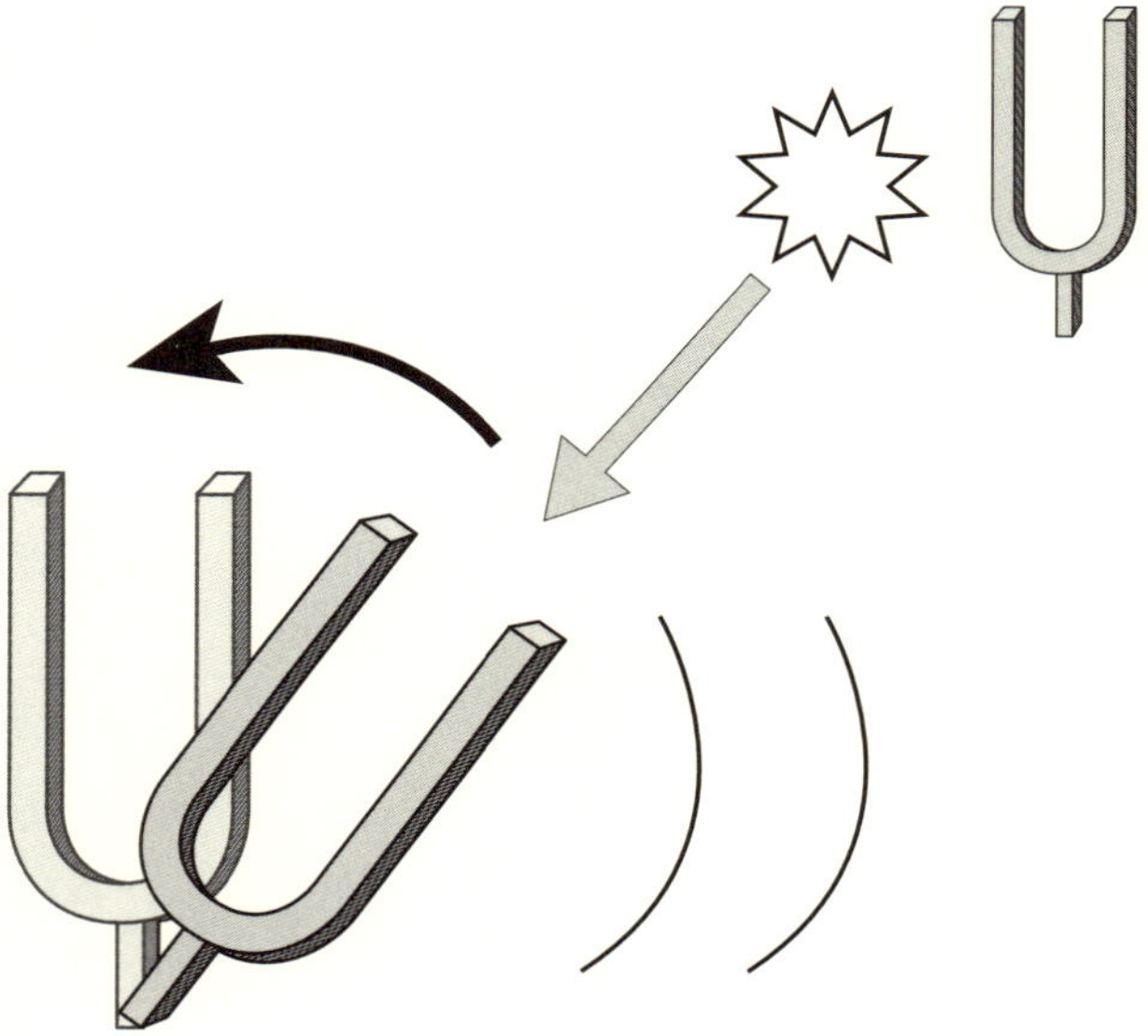

図4　レメディーとの共鳴によって、傾いた音叉(病気)が
正常な位置に戻る(健康を回復する)

その病気とまったく同じ症状を現す振動数をもった小さな音叉と考えられる。病気で傾いた音叉はレメディーの音叉と共鳴してエネルギーを増やす。つまり、もとの垂直な状態にもどるエネルギーを増やすのだ。その結果、音叉は自然に垂直な状態にもどり、振動をやめ、患者は健康を取り戻すというわけだ。

したがって、患者が健康を取り戻すには、患者が現している症状とそっくりの症状をもたらすレメディーが必要なのである。そのレメディーがもたらす症状は、患者が現している症状と、まるで「共鳴」するように一致していなければならない。そればかりでなく、肉体的、生理的症状のみならず、精神的な症状、心の感覚、あるいは過去の病歴やその人の考え方や感情傾向などまで一致していることが望ましい。つまり患者の全体と一致していなければならないのだ。ここが、専門家の智恵と経験が必要とされるところだ。

ホメオパシーには、もうひとつ注目すべきことがある。それは、この治療中にしばしば「好転反応」といわれる現象が起こることだ。これは病気の症状が一時的に悪くなったように見える現象である。たとえば、風邪をひいてレメディーを飲んだとたんに熱が上がるといったような現象だ。しかし、それで一晩寝たら風邪は完全に治ってしまう。あるいはレメディーを服用した後、身体がだるくなる、やたら眠い、また皮膚に発疹ができるといったこともある。

こういう現象は、漢方治療にもしばしばみられる。たとえば胃の病を治すために処方された漢方薬を飲んだあと、ある日突然、下痢や嘔吐におそわれるが、それを境に調子が良くなっていく。あるいはニキビの治療で漢方薬を飲んでいるうちに、ある時期、今まで以上にニキビがひどくなるが、その後、ウソのようにニキビが消えてしまうといった具合だ。漢方ではこのような現象を瞑眩《めんけん》という。病気が治る前提として、身体が揺さぶられることによって起こるといわれている。

ホメオパシーの場合、好転反応は、人によって、また症状によって、漢方の瞑眩より顕著に出ることがあるようだ。しかもそれは、身体的症状のみならず、心のうえに起こることもある。抑え込んでいた怒りや悲しみの感情が、好転反応によって外に洗い出されてくるのである。それはホメオパシーが、本質的な治療法である証拠であろう。

長い間、強い怒りや悲しみといった感情を抑え込んでいたために起こった慢性病を考えてみよう。抑え込んでいた感情のエネルギーが音叉を傾け、その結果、音叉が病的状態で振動し始めたとするのだ。音叉自身がもとの垂直な状態にもどりたいので振動している。しかし、様々な事情で音叉はなかなか元にはもどることができない。そこで外からその振動に共鳴するレメディーを与えてやるのだ。すると、その振動は強まり、音叉はもとの状態にもどるのだが、もどる過程で音叉は抑え込んでいたよくない感情のエネルギーを外に放出するのだ。

シュワルツの仮説が説明するホメオパシーの謎

さて、ホメオパシーにおける「類は類を癒す」という現象をシュワルツの仮説で説明すると、どういうことになるのだろう。先の図4で、「傾いて振動している音叉」をひとつのシステム、「レメディーの音叉」をもうひとつのシステムとしよう。そうすると、前者は「病的システム」、後者は「救済システム」ということもできる。

シュワルツの仮説にしたがえば、このふたつのシステムは共鳴することにより情報を交換し合い、自己改変するということになる。その結果、「病的システム」は健康を回復する。つまり、傾いた音叉は、レメディーの音叉からエネルギーを吸収して、垂直な音叉に変わる。その時、レメディーの音叉は垂直な音叉に吸収された形になるとでもいおうか。そして、そこに健康的状態という記憶が蓄えられる。なぜなら、シュワルツの仮説にしたがえば、ふたつのシステムが情報エネルギーを交換しながら自己改変すると、そこにその過程すべての記憶が蓄えられるからだ。その記憶とは、病的症状から快復し健康になったというものだ。その記憶はしばしば強力なものとなる。つまり、患者は治癒後も健康を保つことができるということになるのだ。ホメオパシーがしばしば短期間の治療で全快するほどの効果を現し、その後はレメディーを飲む必要がなくなる理由がこの辺にあるのではないだろうか。

シュワルツ博士はホメオパシーの治療効果について、まず患者の症状とレメディーが現す症状が共鳴することを重視する。ふたつのシステムが共鳴しながら情報エネルギーを交換し、そこに記憶を蓄えるという彼の仮説を適用できるからだ。そして、彼はさらにおもしろいことをいう。私たちは過去に病気になっても、たいていは快復してきた。現代医学の治療を受けて快復したり、自然治癒力が働いて快復したりと様々だろうが、病気の症状から快復してきたその過程すべてが私たちの身体のなかに一種の記憶として残っている。彼はそういうのだ。そして、今私たちが病気になって、ホメオパシーの治療を受けたとする。当然レメディーを飲むのだが、そうすると、過去に病気にかかって快復してきたそれらの記憶が刺激され、過去の治癒過程が再現されやすくなるというのだ。

ここから彼はさらにつっこんで、少々飛躍的なことをいい始める。私たちがもつ遺伝子は、無数ともいえる先祖たちからの情報とエネルギーを代々子孫に伝えるのだから、当然、先祖たちの病気とその治癒に関する記憶を私たちに伝えている。その治癒に関する記憶を、レメディーは呼び起こすのではないか、と……。

レメディーは、患者が生来的にもつ精神的な傾向とも共鳴を起こすという。ホメオパシー治療ではしばしば一時間にもおよぶ問診を行い、患者の過去の人生や考え方、心の趨勢《すうせい》などを特定して、もっとも共鳴しやすいレメディーを選ぶ。しかしよく考えてみると患者の先祖たちの病気や、患者自身の心の趨勢などは、その人の運命を形成するものではないだろうか。シュワルツ博士は「情報エネルギーシステム」で私たちの霊（スピリット）を説明できるのではないかと考えており、それが私たちの運命に大きな影響を与えているとすれば、ホメオパシーのような治療法で、運命を改善することができるのかもしれない。たとえば前述のようにジョンは恋愛に失敗して衝動的に自殺をはかった。恋愛の失敗の末に自殺する――それが彼の運命だったとすれば、彼の自殺願望を消したホメオパシーは彼の悲惨な運命を改善したのではないか。興味のつきないところだ。

レメディーは、薄めれば薄めるほど強力になる

ホメオパシーにはもうひとつおもしろいことがある。それは、レメディーは薄めれば薄めるほどその力が強くなるということだ。たとえばミツバチに刺されると、その場所は赤く腫れて激しい痛みを感じる。ミツバチの毒液は人間にとって毒に他ならないからだ。そういうものを薬として使うというのだから、気の弱い人は気後れしてそんな薬は飲みたくないと思うだろう。しかし、その毒液の成分が全くなくなってしまうほど水で薄めたものがレメディーだということを知ると、気の弱い人でも、それでは飲んでみようということになる。不思議なことに、ホメオパシーでは薬効成分を水で薄めれば薄めるほど、治療薬としての力が強くなるのだ。また、力の強いレメディーをつくるには、薄めるときに充分に振り混ぜることが重要である。

それでは簡単にレメディーのつくり方を説明しよう。まず、薬効成分を含む天然物をアルコールを混ぜた水につけておく。そして有効成分を溶かし出した溶液をレメディーの原液とする。その原液一滴を水で百倍に薄める。そしてその液を充分に振り混ぜる。そうしたら、その液の一滴を取って、また水で百倍に薄める。そしてまたその溶液を充分に振り混ぜる。これを何回も、何回もくり返す。そしてこれを千回くり返す。その溶液をふつう1Mと表す。このくらいに薄めたレメディーのなかには、原液のなかにあった物質はもう溶けていないといってもいい。濃度を表すと、十の二千乗分の一になるからだ。

しかし、ホメオパシーではふつうこのくらいに薄めたものを使う。実際、転落事故から奇跡的に生

還したパットや、視覚を取り戻したアンドリュー医師にグレー博士が処方したレメディー濃度はこの1Mであった。前に述べたように、それが強力な治療効果を現した。そして、レメディーは同じようにもっと薄めても効果は下がらない。それどころかもっと強力になるといわれている。薬は濃いほど効力が強いだろうという私たちの感覚とは正反対だ。それでは、原液中の薬効成分物質がもう溶けていないほど薄めたレメディーが効くのはなぜか？ それはおもしろいことに、薬効成分物質の情報が、溶かした水の中に蓄積されると考えられるからである。

なぜ水が薬効成分物質の情報を蓄積するのか？

最近になって、水のおもしろい性質が明らかになってきた。ご承知のように水は、水素原子ふたつと酸素原子ひとつが結合してできた分子である。その水分子には、電気的極性がある。一本の棒状の磁石を思い浮かべていただきたい。磁石の一方がN極、もう一方がS極となっているように、水分子もマイナスに帯電している部分と、プラスに帯電している部分がある。ここにコップ一杯の水があるとすると、その水はすべて磁石のように電気的に二極性をもった分子になっているということだ。このように電気的に二極性をもったものを、電気双極子という。

さてそこに食塩を加えるとおもしろいことが起こる。食塩は、正式には塩化ナトリウムというように、ナトリウム原子ひとつと、塩素原子ひとつで成り立っている。それが水に溶けると、プラスの電気をおびたナトリウムイオンと、マイナスの電気をおびた塩素イオンになって、水分子の間にとけ込

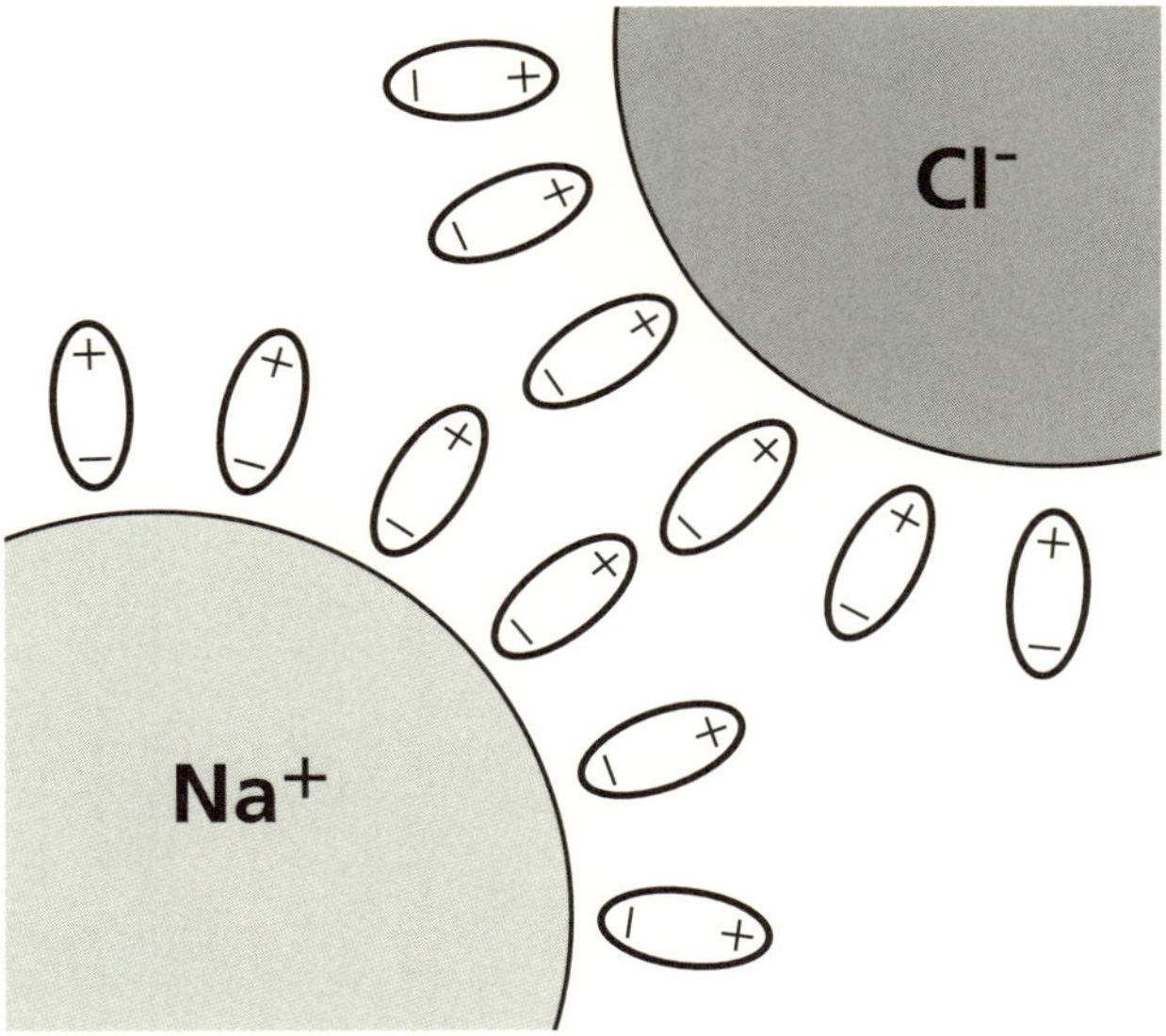

図5　ナトリウムイオンと塩素イオンのまわりを取り囲む水分子

むことになる。これらのイオンは強い電気をおびているから、帯電している水分子がそのまわりに集まってくる。図5を見ていただきたい。プラスの電気をおびたナトリウムイオンのまわりには、水分子のマイナスの電気をおびた側がくっつくように取り囲む。反対に、マイナスの電気をおびた塩素イオンのまわりには、水分子のプラスの電気をおびた側がくっつくように取り囲む。

ナトリウムイオンや塩素イオンのように強いイオンがたくさん溶けていると、つまり食塩水の濃度がある程度高いと、それらのイオンには電気双極子となった水分子は強くくっつく。しかし、食塩水の濃度が極端に薄くなると、まったく違った様相を呈してくるのだ。

食塩水の濃度が、十のマイナス七乗モル（モルとは原子量の基準に従って量を現す単位のひとつ）以下になると、食塩水のなかでは量子物理学的なレベルで解かないとわからない現象が起こってくるのである。とくにホメオパシーのレメディーのように薄めてよく振り混ぜると、水の電気双極子がナトリウムイオンと塩素イオンの間で数珠《じゅず》状につながったようになるのだ。このような構造になった水を一般に「クラスター水」という。ただし、後で述べるが非常に短くつながったクラスター水を、「ミクロクラスター水」という。

水は0℃以下で氷という結晶になるが、食塩のような物質を加えてレメディーをつくるように薄めては振り混ぜるということをくり返していくと、ミクロの氷ともいうべき構造を取り始めるのだ。その構造のなかに情報エネルギーが蓄えられる。飲むと患者とそっくりの症状を現すホメオパシーの妙薬の秘密がここにあるのだ。つまり、レメディーをつくるために大量の水で薄められ震盪《しんとう》されるということをくり返されるうちに、レメディー原液中にあった物質の薬効情報とエネルギーがクラスター水のなかに蓄えられるということだ。それが治療に劇的な効果を発揮するのではないだろうか。

これはシュワルツの仮説でも納得することができる。レメディー原液中にあった物質をひとつのシステム、それを薄める大量の水をもうひとつのシステムとすれば、薄めて震盪をくり返すことが情報エネルギーをやり取りすることであり、その結果自己改変したシステムが、原液の薬効情報を記憶したクラスター水である。

私たちの身体はそのほとんどが水である。細胞も組織も、血液もすべて水がベースになっている。レメディーの薬効情報とエネルギーが、クラスター水という形で、身体のベースになっている水のなかに蓄えられていることも、ホメオパシーが有効な理由であるのかもしれない。

電磁場に情報を蓄えるクラスター水

では次に、クラスター水はどのようにして薬効情報を記憶するのか？　いくつかの説があるが、有力視されている説のひとつは、レメディー中には、レメディー原液中にあった薬効成分の構造を複製した水分子のクラスター構造があるからではないかというものである。つまり、水のクラスターは、もとの薬効分子のレプリカになっているということだ。薬効成分と同じ形をした水のクラスターが身体に入ると、あたかも薬効分子のようにふるまって、病気を治すというわけだ。

現在、ホメオパシー医たちの間でもっとも有力視されているのは、電磁場説だ。クラスター水は電気双極子としての水分子が特殊な構造を取ることにより電磁場をおび、それがひとつの安定した状態で保存される可能性がある。つまり、レメディー中の薬効情報がクラスター水の電磁場のなかに保存されるのではないかというのである。C・W・スミス博士たちによって行われた一連の実験結果が、この説を強く支持している。

彼らはある化学物質に特別に感受性が強いためアレルギー反応を起こす患者に協力してもらって、ある周波数の電磁場がその化学物質（アレルゲン）が引き起こすのと同じアレルギー反応を起こすことを見つけた。わかりやすくいうと、たとえば花粉症の人がすぎ花粉を吸い込むとくしゃみを連発する。同じ人がある特定の電磁波を浴びると、同じようにくしゃみを連発するということを見つけたのだ。

そこで、スミス博士はこんなことを考えた。その電磁波を中和する波形をもつ電磁波をその患者に浴びせれば、アレルゲンを吸い込んでもアレルギー反応は起こらないのではないか、と——。予想は的中した。アレルゲンを吸い込んでも、アレルギー反応を起こす電磁波を浴びても、すぐにその電磁場を中和する波形をもつ電磁波を浴びせれば、患者にアレルギー反応は起こらなかったのだ。

スミス博士たちのユニークな発想はこの後である。彼らは水にその電磁波を当てて患者に飲ませてみたのだ。わかりやすくいうと、コップのまわりに細い電線をぐるぐる巻きにした電磁石をつくり、そのコップに水を入れてアレルギーを引き起こす電磁波を当てた。そして電磁情報水ともいうべき水をつくって患者に飲ませたのだ。すると患者は激しいアレルギー反応を引き起こしたのである。

スミス博士たちはもうひとつの電磁情報水をつくっておいた。つまり、アレルギー反応を引き起こす波動を中和する電磁波を当てた水である。そして、先ほどアレルギー反応を引き起こした電磁波を当てた後、この水を飲ませてみた。案の定、患者にアレルギー反応は起こらなかった。

これらの実験で私が惜しいと思うのは、この電磁情報水がクラスター水であるかどうかを調べていないことだ。しかしながら、いずれにせよ水は電磁波の情報を蓄えられることはわかった。そして、それを人が飲むことにより電磁波の情報を身体のなかに取り入れることができることがわかった点に、この実験の価値がある。また、病気を電磁情報水で治そうという新しい医療に発展する可能性もある。

シュワルツ博士が、ふたつのシステムの間で情報交換をする間に、そこに記憶が蓄えられるというとき、ホメオパシーに関連する現象では、どうやらその記憶は水の中の電磁場に蓄えられているといえそうだ。神秘的で実体のない仮想空間に記憶が蓄えられるというわけではないのだ。

オタマジャクシの変態を促進するホルモン水の電磁波

これに関連するおもしろい研究成果がもうひとつある。オーストリアのペーター・クリスチャン・エンドラー博士らによるカエルを使った実験である。

カエルの子供はオタマジャクシだ。ちょっと出かけた先の池などにオタマジャクシがたくさん泳いでいると、私も童心にかえって捕まえて家にもって帰りたくなる。水槽で飼って変態の様子を観察するのだ。オタマジャクシに足や手が出て来て、それでもぎこちなく水の中を泳いでいる姿を見るのは楽しい。彼らはやがて小さなカエルになり、ちょっと目を離しているとピョンピョン跳ねてどこかに行ってしまう。

カエルの変態は、チロキシンというホルモンによって促進される。人間では甲状腺から分泌され、タンパク質や水の代謝など生体物質の代謝になくてはならない重要なホルモンだ。カエルなどの両生類では変態や脱皮などになくてはならない。エンドラー博士たちはこのホルモンをホメオパシーのレメディーをつくるように水で薄めては振り混ぜ、薄めては振り混ぜて実験に使う溶液（以下、簡便のため「ホルモン水」と呼ぶ）をつくった。そして、後ろ足の出始めたオタマジャクシに与え、変態の様子を観察したのだ。

すると一部予期しない結果が得られた。チロキシンは十の八乗分の一までの希釈ならたしかにオタマジャクシの変態を促進した。ただの水だけを与えた場合より早く変態したのである。しかしチロキシンをそれ以上薄めると効果が逆になったのだ。たとえば十の十一乗から三十乗分の一まで薄めた場合は、明らかにオタマジャクシの変態を阻害した。水だけを与えた場合より、変態が遅くなったのである。

この結果を踏まえて、エンドラー博士はさらにおもしろい実験を行った。今までの実験では希釈したホルモン水は、オタマジャクシに直接与えた。オタマジャクシを飼っている水槽に入れたのだ。しかし今度は、そのホルモン水を試験管に入れたままオタマジャクシの水槽に置いてみた。つまり、ホルモン水がオタマジャクシに触れないようにして、水槽のなかに入れたのである。ホルモン水からなんらかの波動が出ていてそれが変態に影響を与えているとすれば、ホルモン水を直接オタマジャクシの身体に触れさせなくても影響が出るのではないか。彼らはそう考えたのだ。

結果は予想通りだった。ホルモン水をオタマジャクシに直接触れさせた場合とまったく同じ結果が出たのである。十の八乗分の一までの希釈ならオタマジャクシの変態は促進され、十の十一乗から三十乗分の一までの希釈だとオタマジャクシの変態は阻害されたのだ。

この結果と、電磁場をおびるクラスター水のことを考え合わせると、ホルモン水は電磁場をおびていて、その電磁波がオタマジャクシの変態に強い影響を与えていることが推測できる。そこでエンドラー博士はさらにつっこんだ実験を行った。ホルモン水の電磁波を電子装置で別の水に転写して、それをオタマジャクシに与えてみたのだ。驚くべきことに、ここでもまったく同じ結果が得られたのである。つまり、十の八乗分の一までの希釈ホルモン水の電磁波を転写された水ならオタマジャクシの変態は促進され、十の十一乗から三十乗分の一までの希釈ホルモン水の電磁波を転写された水だとオタマジャクシの変態は阻害されたのだ。

どうやら変態をつかさどるといわれるチロキシンというホルモンの情報は、水に希釈され震盪《しんとう》されることによって、水の中につくられる電磁場によって保存されるといえそうだ。これもシュワルツの仮説で説明できる、ホメオパシーに関連する一連の現象のひとつであろう。

水は、様々に構造を変える魔法の物質

現代の量子力学では、電磁場を量子化して考えることにより、電磁場の振動を整数個のフォトン（光子）の振動で現すことができるという。少々むずかしいのでイメージ的にいえば、電磁場は振動するフォトンの凝集したもので、その振動が周囲に光速で伝わるものが電磁波といってもいいだろう。そうすると、今まで述べてきた水の中につくられる電磁場に保存される記憶というのは、振動するフォトンの凝集体が保持しているものと考えることができる。

ここで私は第2章で述べた「量子場脳理論」のことを思い出す。人間の記憶や意識などの高度な機能は脳ニューロンの内外に広がった量子場で繰り広げられる現象であるという理論だ。そして、脳ニューロンの細胞膜近くに「結合水」があって、それがシンクロナイズドスイミングの選手たちのように運動していることで、記憶や意識などが生み出されているのではないかという。

そうするとホメオパシーのレメディーに保持されている薬効の記憶も、人間の脳のなかに保持されている記憶も、原理的には同じメカニズムによっていることになり、私は非常に興味をおぼえるのだ。このような記憶のカギは、水にある。水という物質が奇跡的に多量に集まった、水の惑星、地球。その水を身体のなかの七割近く集めている人間。その人間のなかで、様々に構造を変える水が、記憶のカギを握っているのかもしれない。

そこで水の構造についてもうすこし詳しく調べてみよう。前に述べたように水分子は電気双極子になっている。電気をおびた微細な磁石のようなものだ。そして、磁石をいくつか一緒に置いておくと、

それがくっつき合ってひとかたまりになるように、水も自然界にあってふつうの状態の時は十二個くらいの水分子がひとかたまりになっている。それをクラスターというのだが、ふつうはこのクラスターがきわめて不安定である。十の十二乗分の一秒くらいでくっつき合う相手を変えるからだ。

しかしホメオパシーのレメディーをつくるように、強いイオンを加えて大量の水で薄め激しく振り混ぜるということをくり返していくと、人間の体温くらいの温度では少なくとも四十個から七十個の水分子が結合した長いクラスターができる。そしてそれはけっこう安定している。また、これ以上冷やすと氷結してしまう0℃では二百八十個くらいと非常に長く、沸騰直前の百度でも三個はつながっているという。

ちなみに、純粋な水に特殊な磁場をかけてやると、ふつう十二個くらいの水分子クラスターを半分くらいの長さにすることができるといわれている。そうしてつくった水（ミクロクラスター水）は身体への吸収率がよく美味で健康によいとされ、様々な商品名で市販されている。

また、ふつうの水を試験管のなかに密封して十メートル離れたところから気功の「気」を送ると水のクラスターが二十五パーセントほど小さくなったという報告もある。クラスターの小さい活性水では、電気双極子の性質から六個の水分子が輪のようにつながり、それが美しい雪の基本構造である六角形をつくるからだ。

いずれにせよ、水はその存在条件によって魔法のように様々に構造を変える。それは水の分子が電気双極子になっているからに他ならない。そしてその電気双極子の間で電磁気力が働き、フォトンの交換が起こっている。シュワルツの仮説にしたがえば、そのような現象を通して水は一種の記憶をそのクラスター構造のなかに保持するのだ。

雪は天から送られた手紙である

中島みゆきさんのＣＤアルバム『心守歌』のなかに、「六花《ろっか》」という曲が収められている。とても素晴らしい曲だと思う。また不思議な曲だとも思う。広い空のなかには何もないわけではなく、罪も汚れもあって、そこから泣きながら、こごえながら、美しい六花がさまよい降りて来るというのだ。六花とは、雪が六つの花びらのような結晶をしていることから雪につけられた別称である。

私はこの曲を何度も聴きながら様々なイメージを膨らませ、いろいろと考え込んでしまった。天空には決して美しいものばかりがあるわけではなく、いろいろと悪い条件でも氷結し、驚くばかりに美しい六つの花びらをつけて地上に舞い降りてくる。天空の悪い条件を嘆き悲しまなくてもよいのだよ。あなたの美しさのままで、地上に降り積もれば。まるで優しい天女がささやいているようだ。まだこの曲を聴いたことがない人は是非一度聴いてみてほしい。

この曲を聴いて私が思い出したことのひとつに、中谷宇吉郎《なかやうきちろう》博士の言葉がある。日本が世界に誇る雪の研究者だった彼が残した「雪は天から送られた手紙である」という有名な言葉だ。彼によると雪は空に浮遊している非常に細かい塵を核として、空気中の水蒸気が氷結してできたものだという。物質はふつう環境の温度条件などによって固体、液体、気体の三つの状態をとる。水の場合は、氷、水、水蒸気の三つの状態だ。そしてふつうはこの三つの状態が氷→水→水蒸気、水蒸気→水→氷のように順番に変化するが、雪ができる場合は、水蒸気から直接氷となる。空中の細かい塵に水分子が氷結し、それが空気中の条件によって様々な形に結晶を成長させ、雪として降ってくる。

たとえば、針状のもの、角柱、平板で典型的な六花の形をしたもの、六角形をしたもの、核がふたつあるもの、六花が立体的になったもの、放射樹枝状のもの、花びらが十二あるもの、奇異な形をしたもの等々である。その形は雪が形成され成長した空の環境条件を反映している。つまり天空の情報をその結晶形のなかに保持しているともいえるのだ。中谷宇吉郎博士の言葉はまさにそのような意味であり、名言であるといわざるを得ない。

ある奇妙な実験——電流が結晶の情報を運ぶ？

次ページの写真（図6）をご覧いただきたい。塩の結晶である。食塩水を一滴とってガラス板にのせ、自然乾燥させると塩（つまり、塩化ナトリウム）が結晶してくる。それは、ふつう図6のように四角い形（立方体）である。これは私たちにもなじみやすい形だろう。

ところが食塩水にアルブミンというアミノ酸を加えた溶液を一滴とってガラス板に置き、自然乾燥させると、まったく違った形の結晶が得られる。その写真が図7だ。塩化ナトリウムにごく少量のアルブミンを加えると、結晶はシダの葉っぱのようなおもしろい形になるのである。食塩・アルブミン混合体がなぜ食塩のように立方体の結晶にならないかというと、食塩のなかの塩素イオンが、アルブ

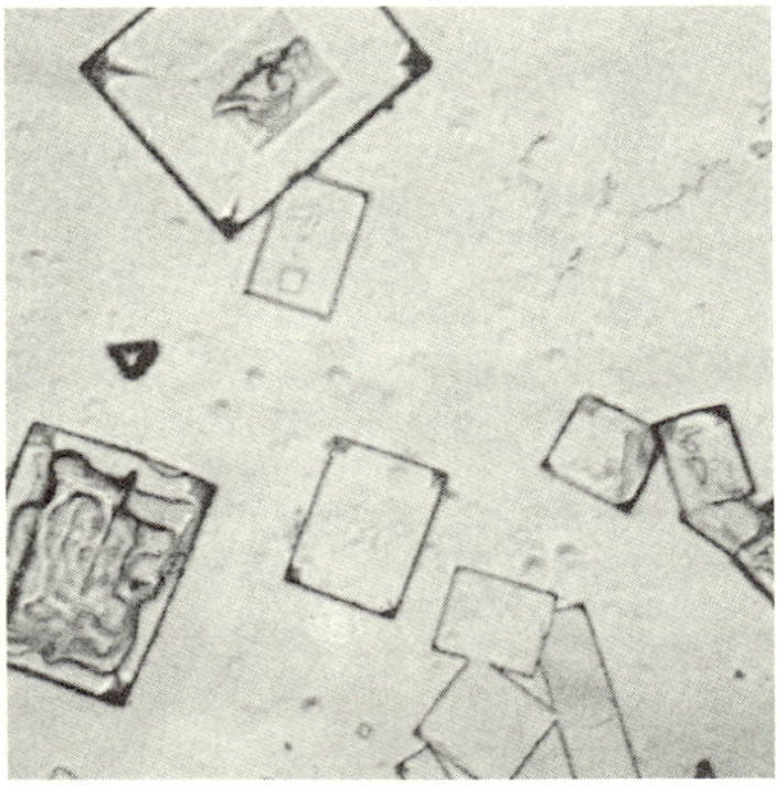

図6　食塩の結晶

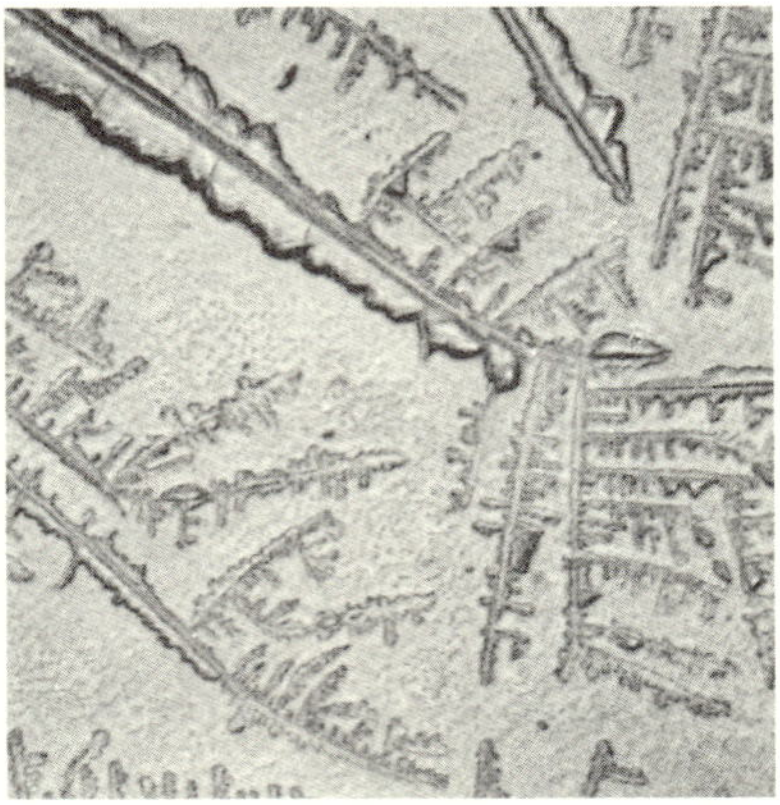

図7　食塩にアルブミンを加えたときの結晶

（Gary E. R. Schwartz, Ph.D., Linda G. S. Russek, Ph.D: *The Living Energy Universe* (1999)より）

ミンの分子に結合するからだといわれている。

ここで、ベヴァン・レイド博士が単純な疑問をもった。結晶の形という情報は、電流によって伝達することはできないのだろうか……、と。そこで実験をしてみた。実験といっても、そうむずかしいものではない。

彼は食塩水を入れたふたつの容器を用意し、一方にはアルブミンを少量加えておいた。つまり、一方の容器には食塩水だけが入っており、もう一方の容器にはアルブミンを加えた食塩水が入っている。彼はこのふたつの溶液を金の線でつなぎ、後出の図8のように一・五ボルトの電池を接続して電気回路をつくったのだ。

彼の発想はきわめて単純だ。もし電流が情報を運ぶなら、「アルブミンの入った食塩水（図8―a）」という情報は、「純粋に食塩水のみ（図8―b）」のなかを通るだろう。その結果、容器のなかの情報になんらかの変化が生じるはずだ。それは、食塩の結晶成長パターンに影響を与えるのではないか。

彼はふたつの容器に電流を通してしばらくしてから、それぞれの容器から食塩水を一滴とってガラス板の上に置き、自然乾燥させて、どういう形の結晶ができるのか調べてみた。予想は的中した。両方とも図7のように、結晶はシダの葉っぱのような形になったのだ。

奇妙なことである。食塩しか入ってない水に、アルブミンの入っている食塩水から電流を通して得られた結晶は、その食塩水のなかにあたかもアルブミンが入っているかのようにシダの葉っぱの形になる。食塩しか入ってない水ならば、その水を自然乾燥させるとふつうは図6のように立方体の結晶

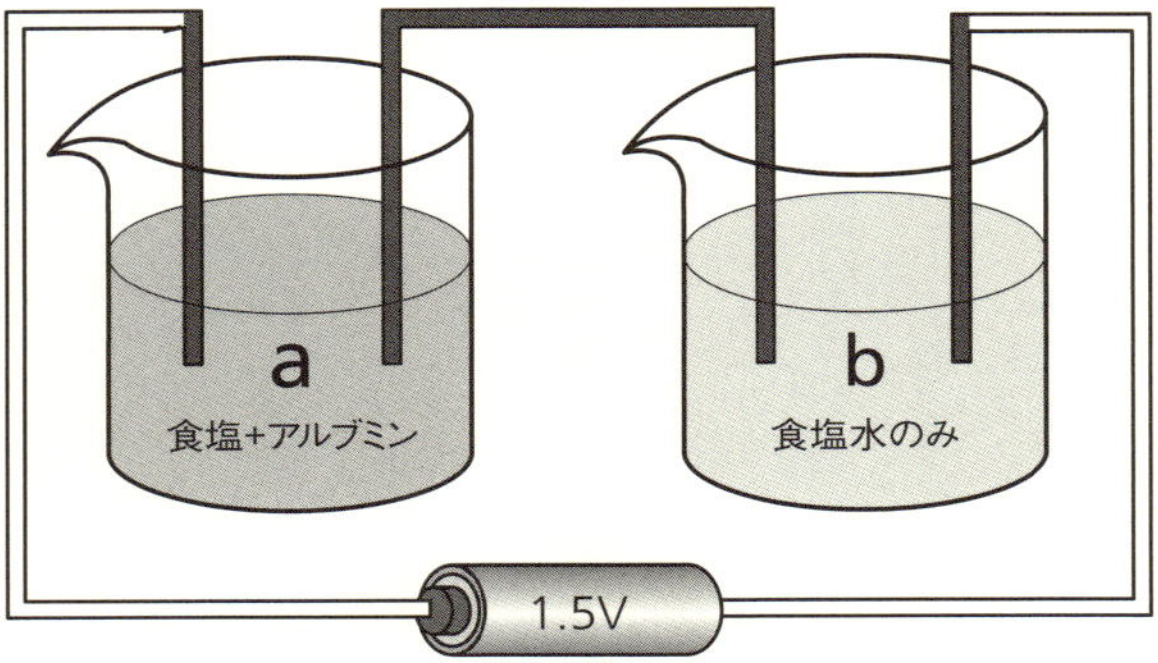

図8　電流が結晶情報を運んだ実験

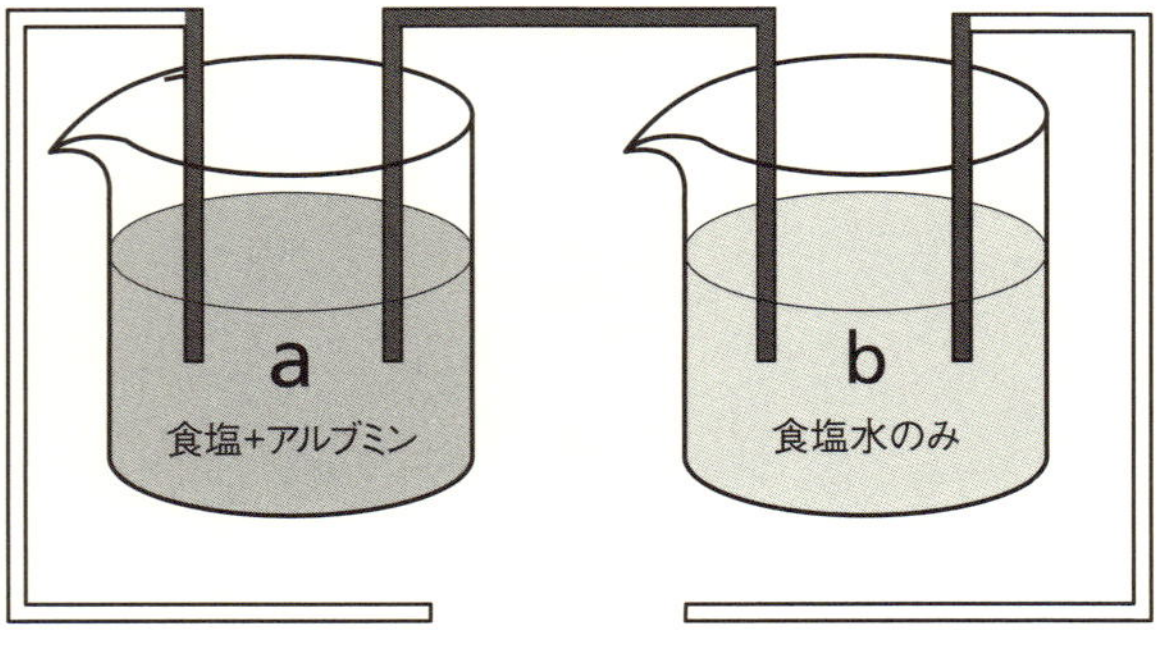

図9　電池はつながない

（Gary E. R. Schwartz, Ph.D., Linda G. S. Russek, Ph.D: *The Living Energy Universe* (1999)の図版をもとに作成）

になるはずなのに……。

これはレイドが考えたように、ほんとうに電流が「結晶はシダの葉っぱの形」という情報を、アルブミン入り食塩水から運んだ結果なのだろうか。

彼は一九八七年に発表した論文でこの実験について、ふたつの反省点を述べている。ひとつは純粋食塩水に、ごくわずかでもアルブミンが混入することがないよう細心の注意をはらったとはいいきれないということ。もうひとつは、この実験に使った電池は新しいものではなかったということだ。実は、彼のこの二番目の反省点は後に述べるようにとても大きな意味をもっている。

シュワルツとルセックによる追試

レイドによる実験はこのように非常に単純なものだった。しかし、シュワルツの仮説のことをどこかの文献で知ったオーストラリアのある医学生が、シュワルツにレイドの論文を送った。そして、同じ実験をもうすこし詳しく行えば、シュワルツの仮説を検証することになるのではないかというのだった。ふたつのシステムの間でエネルギー(情報)がやり取りされているあいだに、そのシステムに記憶が蓄えられるというシュワルツの仮説をみごとに検証しているものだからだ。なるほどこれはおもしろいと、シュワルツとルセックはさっそく実験に取りかかった。もちろんレイドの反省点を生かし、細心の注意をはらって……。

すこし専門的になるかもしれないが、詳しく解説しよう。

彼らはまず食塩の結晶が、食塩水の濃度によってどのように変わるのか、また食塩水に加えるアルブミンの量によって、食塩・アルブミン混合体の結晶形がどのように変わるのかを調べた。食塩と、食塩・アルブミン混合体について、様々な濃度の溶液をつくり、それぞれの溶液をピペットでとり一滴をスライドグラスに落とし、自然乾燥させてできる結晶を顕微鏡で観察した。結晶の形に関する基礎データを取得したというわけだ。結果を示すと、純粋な食塩の結晶の形と大きさは、食塩水の濃度や結晶が成長する環境によって様々に異なったが、図6のように基本的にすべてが立方体の構造をしていた。

ところが食塩・アルブミン混合体の結晶は、加えるアルブミンの量によってだいぶ違ってくることがわかった。たとえば〇・一五モルの食塩水に十ミリグラム／ミリリットルのアルブミンを加えた場合は、先の図7のようにシダの葉っぱの形をした結晶になるが、同じ濃度の食塩水に一ミリグラム／ミリリットルのアルブミンを加えた場合は、次ページの図10のように指紋のような環状の結晶になった。そこでシュワルツたちは、本実験で食塩水の濃度を〇・一五モルに、加えるアルブミンの量を十ミリグラム／ミリリットルに設定した。

やはりそれは、シュワルツの仮説で説明できた

さて本実験は次のように行われた。レイドが行ったようにふたつの容器に溶液を入れ、電気回路をつくる。先の図8のように、それぞれ「食塩・アルブミン混合溶液（溶液a）」と「食塩水（溶液b）」

を金の線で結び、一・五ボルトの新品の電池を直列につなぐ。対照実験として、先の図9のように、同じ組み合わせで電池をつながないだけのものもつくった。電流を流さない場合を調べるためである。

さらに、同じことを食塩水にアルブミンを加えないケースで実験した。つまり溶液aも溶液bも同じ濃度の食塩水としたのである。同じ濃度の食塩水どうしを電線でつないで電流を流した場合と、流さない場合を調べるためである。

以上のように合計四つのケースで実験したわけだが、それぞれの溶液を少量ずつ十分ごとにピペットでとり、スライドグラスの上に落として乾燥させ、できる結晶を観察したのである。

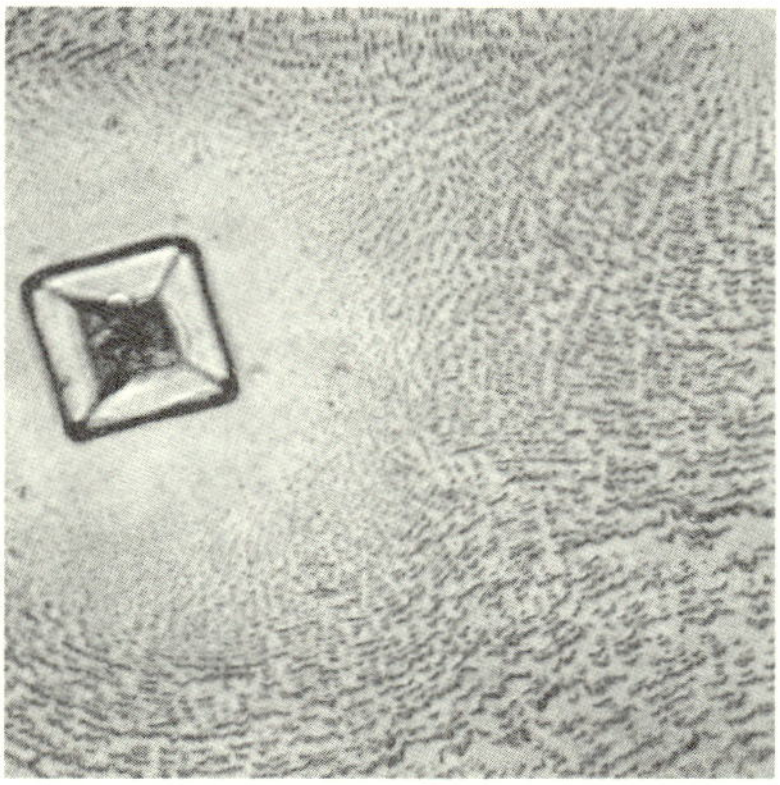

図10　食塩に少量（1mg）のアルブミンを加えたときの結晶

（Gary E. R. Schwartz, Ph.D., Linda G. S. Russek,Ph.D: *The Living Energy Universe* (1999)より）

その結果は明解だった。電流を流し始めて十分もすると、食塩・アルブミン混合溶液と電線でつながれた食塩水を乾燥させてできる結晶に、シダの葉っぱのような形状が表れたのだ。その溶液は食塩を溶かしただけのものなのに、まるでアルブミンが溶けたときにできるのと同じような結晶が得られたのである。レイドの実験と同じ結果が得られたというわけだ。

また、その結晶形は時間を追うごとに多く得られた。それはまるで、食塩・アルブミン混合溶液がその結晶情報を電流にのせて、隣に置いてある、食塩だけしか溶けていない食塩水に伝えたとしか思えない結果であった。なぜなら、同じ組み合わせで電流を流さなかっただけの食塩水からはいつまでたってもシダの葉っぱ状の結晶は得られなかったからである。また、食塩水どうしを電線でつなげた場合でも、電流を流したときも流さなかったときも同じように、シダの葉っぱ状の結晶は得られなかったからだ。

この現象がなぜ起こるのかは、シュワルツの仮説でうまく説明できる。第1章で解説したように、ふたつのシステムの間で情報エネルギーがやり取りされることによって、そのシステム全体が自己改変し、そこに記憶が蓄えられる。共鳴するふたつの音叉の間では音により情報エネルギーがやり取りされているが、ここではふたつの溶液の間に電流が流されることによって、ふたつのシステムの間でなんらかの情報エネルギーがやり取りされたことになる。そのやり取りの間でシステム記憶が蓄えられるのだが、この実験の例ではその記憶とは、食塩・アルブミン混合体の結晶形（シダの葉っぱ状結晶）ということになる。

おもしろいのは、その記憶がどこに蓄えられるかということだ。それはもちろんふたつの溶液のなかというのが一番可能性が高い。しかしもうひとつ可能性の高いのが、電池である。ふたつの溶液に電流を流し続けた結果、食塩・アルブミン混合体の結晶形という情報が、電池という物質のなかにシステム記憶として蓄えられるのではないか。シュワルツはその可能性による実験結果の混乱を避けるため、常に電池は新品のものを使ったという。

シュワルツの仮説の正しさを証明したとしか思えないこの実験結果は論文により公表された。その反応はどうだったのかという私の問いに、彼は、主流の科学者たちからはまったく無視されたと答えてくれた。

病気は、身体という物質システムのゆがみの蓄積で起こる?

私たちの身体はそのほとんどが水という物質で構成されている。ところが、水という物質はこれまで述べてきたように、「魔法の物質」でもある。水分子が電気双極子になっていることにより、自然界や私たちの脳内において様々な形で存在することができ、それにより一種の記憶を保持するという性質をもっている可能性がある。

そういうことを考えると、私たちの身体が全体としてなんらかの体質や癖をもっているのは、水を中心とした私たちの身体の物質全体というシステムに、一種のゆがみのような記憶が蓄積されているからではないかと思えてくる。

たとえば病気を考えてみよう。私たちが、生命のあり方に沿った正しい生活をしているならば、私たちは本来病気にはならないはずだ。しかし私たちが病気になるのは、日頃の心がけが悪く、身体にとってしてはならないことをし続けたときであろう。その結果、私たちの健康維持にとってきわめて重要な心身のバランスが崩れてしまうからだ。

わかりやすい例でいえば、煙草を若いときから吸い続けたため中年になって肺がんになる。夜ふかしして酒を飲んだり遊んだりすることが多い生活を続けた結果、肝臓を悪くする。仕事などですぐイライラしたり怒ったりすることが多いので、鬱になったり心臓を悪くしたりする。それらはみな心身のバランスが崩れ、生命力がゆがんでしまった結果に違いない。

病気にはウイルスや細菌などの病原菌が身体に入ったことで起こる場合もある。しかし人間の体内にはそれらに対抗する防御システムがしっかりできているので、バランスのある正しい生活をしている人は、そう簡単に病気になるものではない。病原菌に感染したとしても、心身のバランスが乱れていなければそう簡単に発病はしないのだ。逆にいえば、私たちが病原菌に感染して発病するのは、心身のバランスが乱れているからということになる。

私は、この心身のバランスの乱れは、私たちの身体という物質システムに具体的に記憶され保持されているのではないかと思う。それはひとつの体質であり、身体の癖なのではないか。もちろん心のあり方が病んでいるので、身体が病気になるのは当然だと思うし、病気のほとんどが心に関係していると思う。

しかし、身体バランスの乱れは、身体の物質システムに一種の記憶のように蓄積されているに違いない。だからこそ、ホメオパシーによってその乱れを少し刺激すると、膿《うみ》が出るようにそのシステムから悪いものが排出され、身体は健康に向かうのではないだろうか。

植物の香りが心身を癒す

ホメオパシーとは少々趣の異なる代替療法に、アロマセラピーがある。これは日本でもかなり広まっており、一説によると三十万人以上が愛好しているという。とくに女性に人気が高い。アロマセラピーが美容によいとされ、また美しい花の香りを身にまとうことが心のおしゃれにもなり、心が癒されるからだろう。

「アロマ」とは「芳香」という意味、「セラピー」は「療法」のことだから、アロマセラピーとは芳香を使う療法ということである。日本では一九八〇年代に紹介され、以来急速に広がっているが、もともとはフランスの化学者ルネ・モーリス・ガットフォセが一九二八年に書いた『芳香療法』という本でこの言葉を使ったのがきっかけで世界的に知られるようになったものだ。

アロマセラピーのルーツは非常に古いものがある。もしかするとそれは人類の古い智恵なのかもしれないと私は思う。太古の昔から、私たちの祖先たちは病気を治すのに森や草原にあった植物を利用していたのではないだろうか。そういった植物療法が芳香療法に発展していったのではないか。歴史をたどると紀元前三千年頃には、芳香植物を油につけ込んだものを治療や儀式に使っていたということがわかっているという。良い香りのする植物の葉や花は私たちの健康によいということを、彼らは経験的に知っていたのだろう。

実は日本でも古くからアロマセラピーに似た習慣があった。それは「ユズ湯」だ。一年のうちでもっとも日照時間の短い冬至《とうじ》にユズ湯に入ると、その冬は風邪をひかないですむというものだ。これをアロマセラピー的にいうと、ユズ湯に入ることによって柑橘《かんきつ》類に特有のつんとしたいい香りの成分を身体に取り入れ、その効果により免疫力を高めて風邪に負けない力を養うということだ。

しかしこのアロマセラピー、今では世間の癒しブームにのってか、少々誤解されてもいるようだ。一般には「ハーブを使ったソフトな健康法」といった程度の認識があるからである。ハーブ入りの入浴剤や化粧品、ハーブティーなどが静かな人気を呼んでいるのでそれもしかたのないことかもしれないが、アロマセラピーは芳香のある精油を治療薬のように使う療法でもあり、病気の種類や患者の性質によっては著しい治療効果があるようだ。

ここで、精油について少し説明しておこう。エッセンシャルオイルともいうが、これは植物から抽出したアルコール性の物質のことだ。といっても私たちがふだん飲んでいるお酒とは違う。お酒のなかに入っているアルコールはエタノールで、それを構成する炭素の数が少ない。しかし、精油の方はそれを構成する炭素数が多いのである。つまり、分子が大きいのだ。そのためお酒は水に溶けるが、精油は水に溶けない。また、この精油をどのようにして植物から取り出すかというと、一般的には三種類ほど方法がある。ぶどう酒をつくるときのように植物に水蒸気をあてて成分を蒸留する方法、レモンの皮などをしぼって成分を取り出す方法、花などを油などの液体につけておき成分を溶出する方法の三つだ。

そのようにして取り出された精油に病気を癒す効果があるのだが、実はこの精油にこそ隠された秘密があるのだ。もちろん「シュワルツの仮説」的に考えると、である。しかし、それをお話しする前に、この精油のもつ顕著な治療効果の例について少し述べておこう。

精油により心的外傷後ストレス障害（PTSD）が治った例

二十歳代のOL・A子さんは、ポマードの匂いをかぐとパニックにおそわれた。電車のなかや人混みで、どこからともなくただよってくるポマードの匂い。彼女はその匂いをかいだとたんにパニック発作を起こすのだった。この発作におそわれると、動悸が極限に達し、呼吸困難になる。ひどい汗をかきその場に立っていることさえできず、そのまま死んでしまうのではないかという恐怖感におそわれる。人混みのなかに行くとポマードの匂いを感じることはあるが、ふつうの人ならその匂いは何でもない。むしろそんなことには気がつかないはずだ。しかし、A子さんにとってそれは生死に関わる大問題だったのだ。したがって彼女はおそらくそう簡単に人混みのなかへは出かけられなかっただろう。

そんな彼女の心の奥をたどっていくと、いつもポマードの匂いを身にまとう、ある男性の存在があった。それは彼女が勤める会社の上司だった。その上司は彼女に対し、執拗なセクハラやいわれのない叱責、そして陰湿なイジメを行っていたのだった。そのときの彼女の悲しい体験が、ポマードの香りとともに深く心の底に刻み込まれてしまった。それでポマードの匂いをかぐと、その悲しくつらい体験が思い出され、脳のなかにフラッシュがたかれるように真っ白になり、パニックの発作を起こしたのだろう。このような症状は心的外傷後ストレス症候群（PTSD）によくあるものだ。

そこである精油が処方された。するとパニック発作は見事にその場でおさめることができた。彼女にとってそれは命の精油だ。彼女はその後、万一ポマードの匂いをかいでしまったときのために、その精油を浸したハンカチを胸ポケットに忍ばせて出かけているという。事件や事故、災害などのつらい記憶は、匂いとともに心に深く残り、その記憶がＰＴＳＤを引き起こす。しかし精油の香りがその記憶の場面設定を変えることにより発作がおさまるのではないかという。精油にはこのように優れた薬効があるのである。（以上、川端一永著『医師が認めたアロマセラピーの効力』〈河出書房新社〉より）

実験でも確かめられたアロマセラピーの効用

それではアロマセラピーはどのくらい病気治療に有効なのだろう。またどのような病気に、より大きな効果があるのだろう。私はこの点に注目して何冊かの本を読んでみたが、心の要因の強い病気に優れた効果があるようだ。また、鎮痛作用などにも優れているので、神経系に作用することにより症状を抑えるのが得意であるらしい。アロマセラピーの研究家たちはその著書のなかで、様々な病気に対しどんな精油が有効かを語ってくれる。私はまだこの療法を試したことがないのでたしかなことはいえないが、川端一永博士の実験データを見ると、明らかにそれは有効な治療法のようだ。

たとえば最近の花粉症の患者さん二百三十一人にティートリーの精油を服用してもらったところ、六十八人は花粉症の症状が出なくなり、百二十七人は症状が軽くなったという。症状が出なくなったり軽くなったりした人は、この精油を服用した人の実に八十四パーセントだったことになる。このデータが正しいとすると、花粉症に対してアロマセラピーはとても有効だといえる。

ちなみにティートリーとは、オーストラリアのニューサウスウェールズ州を主な産地とする「お茶の木（tea-tree）」のことで、水蒸気による蒸留法で取り出した精油は医薬品に似た清潔な香りがする。もともとオーストラリアの先住民アボリジニが、この木の葉をすりつぶして湿布薬として用い、様々な病気を治していた。この木の葉が落ちた沼に入ると怪我が治ることも彼らは知っており、怪我の治療に役立てていたらしい。また一七七〇年に、キャプテン・クックが初めてオーストラリアを訪れたとき、アボリジニたちがこの木の葉でお茶を入れていたのを見てクックが初めて「お茶の木」と呼んだという。その呼び名が今では世界中で使われるようになったわけだが、そんなティートリーの精油は殺菌消毒作用にとても優れていて、第二次世界大戦の時は熱帯地方にいる軍隊の救急用傷薬に加えられたほどだった。

病院で風邪をもらうのを防ぐ精油

もうひとつ川端博士の実験結果を紹介しよう。リモネンという精油成分が空気中にただよう雑菌やウイルスに対して非常に優れた殺菌作用があることが知られているが、それを実験で確かめたものだ。リモネンはレモンやグレープフルーツ、オレンジなどの柑橘類に含まれる物質で、これが空気中の酸素と反応したときに殺菌作用を発揮する。

彼は、風邪のはやっている冬、三つの医院のスタッフが、リモネンをたらしたティッシュペーパーをはさんだマスクをかけて仕事をした場合と、そのマスクをかけなかった場合とで、風邪のかかり方が違うかどうか調べた。その結果ははっきりと出た。リモネンをたらしたティッシュペーパーをはさんだマスクをかけたスタッフで風邪をひいた人は、かけないで仕事をしたスタッフで風邪をひいた人の半数だったのである。なるほど、たしかにリモネンには風邪のウイルスをやっつける力があったというわけだ。

私は日頃、子供たちが病院で風邪をもらってくるのを何とかしたいものだと思っていた。子供が風邪をひいて高い熱を出したりすると、親は心配になって夜でもその子を病院に連れて行きたくなる。そして実際に連れて行ってみると他にも高い熱を出して来ている子供がいて、よく見ると症状が違う。どうやら違う風邪のようだ。そこで神経質になっている親たちはお互いにあの子の風邪が自分の子にうつらないかと心配になってくる。

また病院のお医者さんは、三日後にまた診《み》させて下さいというので、症状が良くなっていてもやはり心配なので子供を病院に連れて行く。ところが病院は病気の人であふれかえっていて、その空気中にはいろいろな風邪のウイルスがただよっている。ひいていた風邪が治りかけていても、抵抗力の弱っているその子はまた違う風邪をひいてしまうのだ。これではいくらなんでも子供がかわいそうだ。リモネンの爽やかな香りが待合室に満たされていたら私はすこし安心するのだが。

なぜアロマセラピーは病気に効くのか

それでは、なぜアロマセラピーが病気を治すのに有効なのかを説明しよう。それはアロマセラピーで使う精油に病気に効く成分が含まれているからである。その成分自体が病気の症状を和らげる性質をもっているのだ。ということは、それは西洋医学で処方される薬と同じなのか？　たしかに化学物質が病気を治す薬になっているという点では同じである。しかし違うところが少しある。それはその化学物質が天然のものであるということ。そしてアロマセラピーにおけるその物質の身体への取り入れ方だ。

天然物が薬になるという点では漢方薬と同じであるが、精油を生成するときに、もとの植物には含まれていない物質がつくられ、それが薬効成分になることがある。たとえば真正ラベンダーには鎮痛作用のある物質（酢酸リナリル）が含まれているが、これはもとのラベンダーには含まれておらず、水蒸気で蒸留して精油をつくるときにつくられる。

アロマセラピーでは、そういった有効成分を身体に取り入れる方法が三つある。それは精油を身体に塗ってマッサージなどをしながら皮膚から取り入れる方法。これが一番効果のある取り入れ方だという。精油を入れたお風呂に入浴するのもこの方法だ。また、精油を数滴飲んで身体に取り入れる方法。このふたつは精油の薬効成分を身体の循環系に入れ、そこから神経系などを通して症状を和らげるものだ。

そしてもうひとつがアロマセラピーの、アロマセラピーたるところだが、精油のかぐわしい香りを、嗅覚を通して取り入れるものだ。精油の香りをかぐということは、精油の薬効物質の微小なかたまりで嗅覚を刺激するということでもある。その刺激は素早く脳の深いところ（大脳辺縁系）に届き、ホルモンを分泌させたり免疫系を刺激したりする。その一方で、記憶や感情、情動をつかさどる脳の部分に働きかけ、心をコントロールする。アロマセラピーではこれができるので、心身症などに有効なのだ。

念のためいっておくが、病気治療のためにアロマセラピーを用いたい場合、素人判断で精油を選ぶことはやめた方がいい。精油の薬効成分にアレルギーをもっている人もいるからで、そういう人はアロマセラピーを治療に取り入れている専門のお医者さんに相談していただきたい。

精油は植物の生命力を記憶している？

さて、本題に移ろう。このアロマセラピーを「シュワルツの仮説」で見るとどういうことになるのか？　精油の成分はその植物の生命力を記憶していることになりそうである。この仮説によれば、植物は全体としてひとつのシステムを形成しており、そのなかにも様々なシステムがあって、それらは互いに情報エネルギーを交換し合いながら、ある記憶を蓄えていることになる。当然その植物を構成する細胞も、細胞のなかにある生化学物質もしかりである。そして、その記憶は、究極的にはその植物の生命力なのではないか。だとすると、精油のなかの薬効成分は、その植物の生命力を記憶した物質ということになる。

そこでこういうことを考えてみよう。植物から抽出してつくった精油とまったく同じものを人工的につくった場合、治療効果に違いがでるのかどうか。もちろんホンモノの精油にはたいてい様々な薬効成分が含まれている。それらのすべてを合成化学物質とし、ホンモノの精油と同じ含有率になるように混ぜ合わせる。そうするとニセモノの精油ができる。さて、ホンモノの精油と、ニセモノの精油とで薬効に違いがでるのか。

今までの科学では、当然のことながら薬効に違いはないとされるだろう。ホンモノでもニセモノでもそこに含まれている物質はまったく同じだからだ。同じ物質が同じ濃度で含まれていれば、その薬効に違いを認める理由はまったくない。

しかし、「シュワルツの仮説」が正しいとすると、それらの薬効に違いがあるということになるのかもしれない。なぜならホンモノの精油成分はそれをつくった植物の生命力が宿っているからだ。残念ながらこの点を実験で確かめた科学者はまだいないようだが……。

ちなみにある種の病気には、漢方薬がとてもよく効く場合がある。漢方薬は薬草などを煎《せん》じてつくるが、ここでも同じことがいえるのかもしれない。漢方薬の有効成分は生化学的にわかっていることが多い。また人工的に合成し、精製して西洋医学の薬として用いられることも多い。そこで、人工的に合成した薬と、漢方薬とで効果が違うとすれば、その理由を追究するのもおもしろいのではないだろうか。一般的に西洋医学では効果があるとされる物質を精製して単独で用いるが、漢方薬には様々な有効成分が含まれているので、それらが複合的に作用して効くといわれている。

「自然菜食」もいいものだ

同じようなことが、私たちの食物についてもいえるのかもしれない。自然食の実践者が最近増えてきており、肉食を嫌い、菜食を貫いている人たちもいる。そんな彼らの食生活も、「シュワルツの仮説」の観点から考えると妥当といえることになる。自然食にはその食物の生命力が宿っていると考えられるので、自然食を食べるということは、自然の生命力を自分の身体に取り入れることになるからだ。

また肉食がどうしていけないかというと、多くの場合、その動物たちのストレスの多い飼育環境の記憶や屠殺される前の恐れの感情が肉のなかに蓄積されていると考えられるからである。その肉がほ乳類などの高等動物のものであればあるほど、その記憶は好ましくないものに違いない。高等動物ほど心が発達しており、その心はストレスを敏感に感じるからだ。モーツァルトなどの音楽を聴かせ、飼育環境のストレスをなくすようにして育てた牛からとった牛乳や肉が美味しいということを聞くが、これもうなずけることである。そのようにして育てられた牛からとれる牛乳や肉には、好ましくない心の記憶が蓄積されていないと考えられるからである。

地上の生物は植物も動物も自らの身体を構成する物質を絶えず交換している。私たち人間の身体は六十兆個を超える数の細胞で構成されているが、そのなかの物質は七年もするとすべて入れ替わるといわれている。入れ替わる物質は、大半は食物から取り入れられたものだ。しかし、それらの物質がすべてなんらかの記憶を宿したものであるとしたら、いったいどういうことになるのだろう。

シュワルツは、私たちが現在健康であっても、過去に病気や怪我をした記憶が細胞やそれを構成する物質に蓄積されているはずだという。では、私たちの食物に含まれる物質には、どのような記憶が含まれているのだろう。それは人類の歴史、いや地球全体の営みの記憶といってもいいのではないだろうか。それは農耕、狩猟、戦争、事故、病気、災害とそれらに対して私たちがいだいてきた平和、幸福、恐れ、不安、悲しみ、喜び、等々の心の活動の記憶であろう。

だとすれば、私たちの日頃の行為やあり方をよりよいものにしなければならないと、あらためて考えさせられることである。環境ホルモンの問題など、環境汚染が叫ばれている現代ではあるが、「すさんだ心が記憶された物質」の環境への拡散というもうひとつの環境問題を、私たちの社会はかかえているのかもしれない。

奇蹟を起こす「聖者の遺物」には情報エネルギーが宿る？

少々話が深刻になってしまったので物質の記憶に焦点を当てた本章の最後に、ひとつ希望のもてる話をしよう。あなたに幸運をもたらす情報エネルギーについてである。第4章でも詳しく述べるが、「シュワルツの仮説」によると、人は肉体を亡ぼしても、その情報エネルギーはなんらかの形で生きていることになる。それはおそらく聖者たちについても同じだろう。聖者たちは死後もなおどこかに生きていて、私たちを見守ってくれているに違いない。

たとえば仏教の創始者、仏陀のことを考えてみよう。伝えるところによると仏陀は様々な奇蹟を現していたらしい。とすると、そんな仏陀の身体には奇蹟をも現す聖なる情報エネルギーが記憶されていたと考えることもできる。そうであれば仏舎利《ぶっしゃり》（仏陀の御遺骨）にもその情報エネルギーがそのまま残されているのかもしれない。

後世の人々が仏舎利に祈りをささげ、奇蹟的な体験をしてきたというが、こうした観点からみればそれもうなずける。彼らは遺された仏舎利を通じて仏陀のスピリットに共鳴し、その情報エネルギーを受け取ったのだろうか。

このようなことは、多くの聖者たちが生前身につけていたものについてもいえるだろう。日本を含めて世界各地には様々な宗教を創始し、いろいろな奇蹟を現した聖者たちがいる。そんな聖者たちが身につけ、愛用していたもの、あるいは残した教典などには、聖者たちの聖なる情報エネルギーが蓄えられているのではないかと私には思える。したがって、それらを私たちが身につけたり、祈りの対象としたりすることで「共鳴」が起き、奇蹟が得られることがあるのだろう。物質は、その愛用者に関する情報エネルギーを記憶するからだ。これは「偶像崇拝」というレベルではなく、高次の意識（情報エネルギー）との間で起こる、心の共鳴現象というべきだろう。

持ち主の心を情報として蓄積するという「月光石」

それとは対照的に、きわめて不幸な情報エネルギーと共鳴してしまう例もある。それは、「不幸の宝石」の例だ。現在アメリカ・スミソニアン博物館に展示されている「ホープ・ダイヤモンド」と呼ばれる青い宝石がある。九世紀頃インドの畑で掘り出された二七九カラットのダイヤモンドだ（現在の形は、約四五・五カラットにまでカットし直されている）。この大きな美しい宝石は、掘り出した農夫の手首ごと切ってペルシャ軍が略奪したものだったという。それがきっかけで呪われた宝石となったのだろうか。

しかしその魅惑的な輝きは、時の権力者や大金持ちたちの所有欲を刺激し続けた。そのため所有者が死んでもたちまち誰かが次の所有者となった。かくして所有者は転々と変わったが、その宝石を所有する者は、次々と悲惨な死を遂げたのである。悲惨な運命をたどるという不幸の情報エネルギーが、その宝石に蓄積されていたとしか思えない。そのエネルギーに共鳴し、持ち主たちは次々と悲惨な死を遂げたのであろう。

もちろん宝石には数々の「幸運の宝石」もある。なかでもおもしろいのが月光石だ。この宝石を身につけていると、愛を成就する力が授かるとか、不思議なパワーが授かって幸福になるといわれている。この宝石は、実は「シュワルツの仮説」の観点からも、きわめて興味深い性質をもっている。

それは、この宝石が、月齢《げつれい》によって輝きを変えるといわれている点である。満月が近づくにつれて月光石のなかに輪ができ始め、満月の夜にその大きさが最大になるのだ。もちろん満月の明かりが満ち欠けする月のなかで一番強いので、その結果、月光石のなかに見える輝きの輪が一番大きくなるのであろう。しかし、月明かりのない昼間に月光石を見ても、満月の日近くになると月光石のなかに他の日では見られない光の点のようなものが見えるともいう。まるで月光石は月齢と同期しているようだ。

いずれにせよ、その秘密は月光石の結晶構造にありそうだ。性質の違う薄い層が幾重にも重なってできているので、月明かりを吸収して月光石のなかに光の輪をつくるのだろう。さらに結晶分子KAISi3O8の性質も関係するのだろう。

また、月光石はエネルギーを放出するともいわれている。薄い層のすき間から月光石に入った光は、結晶のなかでエネルギーとして蓄積されるが、そのエネルギーはふたたび光として放出されるのだ。古代インド人はそれを知っていたらしく、満月の晩に月光石を口に含んで眠るという儀式を行ったという。それにより次の日は頭が鮮明になり、霊的パワーが得られると信じられていた。

月光石のおもしろいところはこればかりではない。この宝石が取り入れる光は、月の光や私たちが目にするふつうの光だけではなく、それを身につけている人の考え方や気持ち、感情や心をも吸収するというのである。それは、まさしくその人が発する情報エネルギーに他ならないのではないか。そして月光石はその情報エネルギーを蓄積するのだろう。

幸せな生涯をおくった祖母から代々受け継がれてきた月光石が、ある家に伝わっているとすると、その月光石には、幸せな生涯という情報エネルギーが蓄積されているに違いない。月光石はそのエネルギーを光によって放出もするので、そういう月光石を身につけていればその人は幸せになるに違いない。私は男性であるが、そんな月光石があれば是非譲り受けたいものだ。妻にプレゼントするために。

〔註・本章ではホメオパシー、アロマセラピー、また宝石の人体に及ぼす力といった、まだ科学的な証明が完全にはなされていない種々の非主流医学的な手法を、本書の論旨の傍証例として紹介してきたが、本章の意図はこれらの手法を、現在のあらゆる医学的診断・治療手段にとってかわるものとして推奨することにはない。読者の方々には、的確な診断とアドバイスを行える資格をもった通常医学の専門家と相談された上で、これらの手法を自己の責任において選択・利用されることをお勧めしたい〕

第4章 世界は、あなたのすべてを永遠に記憶する

疲れたら休めばいい　香気を吸って休めばいい
そしてふたたび登るのだ
決して振り返る気にはならない
そんな精気あふれる樹林のただなかで　せみしぐれは止まない
この星のすべての命は　愛の波動につつまれているから

——詩集『心的惑星圏』「特別な場所」より

ある自叙伝作家からの信じられない電話

ある日、シュワルツのところに一本の電話がかかってきた。電話の主はウィリアム・ノヴァック。有名人の自叙伝を書くライターとして著名な男だ。彼のやり方は、自叙伝の主人公と共著で本を書くというものだ。たとえば経営難に苦しむクライスラー社をみごとに立て直した、リー・アイアコッカ

の自叙伝。これは経済人の成功物語として世界のベストセラーになり、なんと七百万部を売りつくした。また、アメリカ大統領夫人ナンシー・レーガンの自叙伝など、彼の筆にかかるといずれもベストセラーになった。

その彼が今度は、原発性肺高血圧症という難病に冒され、心肺移植同時移植を受けたダンサー、クレア・シルヴィアの驚くべき体験を書いているというのだ。ノヴァックがシュワルツに電話で話すその内容は、シュワルツにとってもルセックにとってもとうてい信じられるものではなかった。本のタイトルは英語で『ア・チェンジ・オブ・ハート』、つまり「心臓の交換」、あるいはそれによる「こころの交換」という、強烈なものだ。邦訳版も出ており、日本語の題名は『記憶する心臓』（角川書店）。これも人目をひくタイトルだ。そして、第一章「かくも深き吐息」の始めからショッキングな文章が並ぶ。次に引用するので、まずそれを読んでみてほしい。

数年前、まれにみる難病に冒されて死の淵《ふち》をさまよっていたわたしは、胸を切り開かれ、心臓と肺を切除された。臓器を取りだされてぽっかり空いた場所に、医師たちはわたしの命を救うべく最後の望みを託して、バイク事故で死亡したばかりの若者の心臓と肺を移植した。若者の家族が崇高なる人助けの精神のもとに、そのかけがえのない貴重な贈り物を見ず知らずの他人に提供することに同意してくれたからだった。

彼らが臓器提供の決断を下してから数時間後には、若者の肺はわたしの身体のなかに空気を取りこみ、心臓は一定のリズムでわたしの体内に血液を送り出していた。そしてわたしの体には、かつてないほどに活力がみなぎった。術後、目覚めて、まさしく死からの生還を果たしたわたしは、これでようやく長い旅が終わった、そう思った。

だが実は、旅は始まったばかりだったのだ。

間もなくわたしは、自分が受けとったものが、たんなる体の新しい部品ではないと感じるようになった。移植された心臓と肺が、それ自体の意識と記憶を伴ってわたしの体内におさまっているのではないかという気がしてきたのだ。ドナーである若者の魂と個性の一部が、わたしの体のなかで生きつづけている証《あか》しとなるような夢を見、自分自身の変化を感じるようになった。

尋常ならざる人生の告白だ。読み出したらもう止まらない。飛田野裕子さんの訳も素晴らしい。シルヴィアがその病から生還するには、心臓と肺の同時移植しかなかったのである。そして、バイク事故で命を落としたばかりの若者から心臓と肺を同時に譲り受けた。そして、……。

移植された「心臓の記憶」

シルヴィアは、誰でもがおちいるという手術後の憂鬱と強い煩悶《はんもん》のなかでつぶやく。「わたしって誰なの？　わたしは一度ふたつに引きちぎられ、それから元どおり縫い合わされた。その結果、なにかが変わってしまった」と——。

ハンプティー・ダンプティーの話をご存じだろうか。『不思議の国のアリス』で世界的ベストセラー童話作家となったルイス・キャロルが『鏡の国のアリス』にこの話を登場させて有名になったのだが、もともとは「卵《たまご》」を答えとするなぞなぞ歌だった。マザーグースの絵本に欠かせない歌でもある。塀の上に座った卵形のハンプティー・ダンプティーは勢いよくその塀から落っこちて、粉々に壊れてしまった。王様のすべての馬と、王様のすべての家来と兵隊がそれを元どおりにしようとしたのだが、ついにそれはできなかったというお話だ。まあ、「覆水盆《ふくすいぼん》に返らず」といったところだ。

シルヴィアの手術もまさにそんな感じだった。胸を大きく切り開かれ、心臓と肺が取り除かれたことは、卵のハンプティー・ダンプティーが塀から落下して修復不可能なほどに壊れたようなものだった。王様のすべての馬とは、集中治療室で彼女を取りかこむ医療装置のすべて。王様のすべての兵隊とは彼女を治療し看護するすべての医師と看護婦たち。現代医療の粋を集めた装置と優秀な医師たちによって彼女の壊れた身体は、見た目には元どおりに修復された。しかし、もとのシルヴィアという人間を復元することはついにできなかった。移植を受けた直後から彼女のなかに別の存在が入り込んで動き始めていたというのだ。そして心臓を提供した人（ドナー）の魂、あるいは人格の一部が自分のなかに存在しているという感触が日増しに強まっていったというのである。

しかし実は、それは手術の直前から始まっていた。彼女は手術の直前から赤ん坊が出てくる夢や、自分が妊娠している夢を見ていたのである。他人の臓器を自分の身体に移植するということは、未知の新しい生命をお腹に宿すことと同じ意味があったのだ。やがて生まれてくる赤ん坊だからお腹のなかで大事に育ててあげなければならない。でも自分のお腹のなかにいるものは未知の存在。何か欠陥があるかもしれないと思うと不安で仕方がない。そんな妊婦の心理と非常に共通していた。

ドナーの「好み」までも移植されたのか？

そして、バイク事故で亡くなった若者がシルヴィアの身体のなかに宿った。その「赤ん坊」は徐々に自己主張をし始めたのだ。たとえば、食べ物の好みが大きく変わった。まずビールだ。手術直後、彼女はビールが飲みたいと医者たちに冗談をいった。そして手術後、彼女の好みはすっかり変わってしまった。彼女はダンサーだった。やせてスマートな体形を維持することに彼女は人一倍気を使っていた。食事はいつも果物、穀物、そして野菜を中心にしていた。しかしそれらとはまるで反対の若い男性が好むような食物が好きになったのだ。

たとえばレストランで、爪楊枝《つまようじ》に刺したオリーブ付きのハンバーガーを注文するようになった。さらに、今まで食べたこともないほどの量の甘いもの（チョコバー、ピーナッツ・バターカップ）が好物になった。以前はサラダに入っていればつまんで脇におくほど嫌いだったピーマン、そしてケンタッキー・フライド・チキンが一番の好物になった。術後六週間経って、初めて車の運転を許可されたとき、シルヴィアは道をまっすぐ車で走って、最寄りのケンタッキー・フライド・チキンの店に入った。なぜかわからないが彼女はどうしてもチキンナゲットが食べたかったのだ。

健康の回復、体力の増強のため、身体が要求していたのだろうか。違うのである。

ドナーの性格が、自分の性格にとって替わる

彼女の変化は食の好みだけではなかった。性格も以前より男性的になったのである。彼女は以前よりも闘争的、独断的になり、自信が抱けるようになった。そして女は知らないが男なら知っているような知識をもっていると感じるようになった。歩き方も男っぽくなり、まるでフットボールの選手が歩いているみたいだと娘にいわれたりした。また以前の自分ならよく風邪をひいて、快復まで時間がかかっていた。しかし手術後はほとんど風邪をひかなくなった。たとえひいてもすぐに快復した。

さらに驚くべきことは、女性としての自分からみてそう魅力的とは思えない女性が妙に魅力的に感じるようになった点だ。そしてボストンで開かれた会議できれいなブロンドのオランダ人と親しくなり、会議が終わった後シルヴィアはその女性を数日家に泊めてあげた。シルヴィアの振る舞いに一種男性的な匂いがしたのだろう。その女性はシルヴィアと性的関係をもちたいという意向をさかんにアピールしてきたという。シルヴィアはその誘いを断ったというが、そのオランダ人女性と暮らし、結婚しているという夢を何度も見た。

そう、彼女の見る夢までが変わってしまったのだ。そして手術から五ヵ月後のある日、彼女は決定的な夢を見るのである。

それは、暖かい夏の日のことだった。彼女は夢のなかで、広々とした野原にいる。そばには長身の、ほっそりした若者がいた。彼の名前はティム。仲よしの友達どうしのようにふたりは陽気に冗談をい

い合っていた。やがて時間がきて、彼女はアクロバットを演じるグループに加わるため、ティムのもとを離れなければならなくなった。彼女は歩き出したのだが彼に何か言い忘れたことがあるような気がして引き返した。そしてティムと別れのキスを交わした。そうして、彼女はティムを身体のなかに吸い込んだのだ。胸一杯に深い息をして。その瞬間、彼女とティムは永遠に解けない絆で結ばれた。彼女は夢のなかでそう感じた。そして彼女はその夢の後、自分に心臓と肺を提供してくれたのはこのティムなのだという強烈な確信を得るのである。

その数週間後、ティムがまた彼女の夢に現れた。今度は〝女になった男〟として。そして今まさに事故にあっている。いつものヘアピンカーブを曲がりそこねて「わたし」は車線を越し、対向車の流れに向かって道路の上を飛んでいく。宙を舞うような感覚……。

それは、ドナーの過去の人生?

シルヴィアはさらに驚くべき体験を続けていく。彼女はある晩ミステリー・シアター・ディナーに出かけた先でサイキック能力があるというフレッドという未婚男性と知り合いになった。その晩、彼はドナーの死亡記事がメイン州の新聞のページのまん中に載っている夢を見た。そしてふたりは図書館でその夢が正夢だったことを知るのである。

若者が死亡した日付はシルヴィアが移植手術を受けた日と同じ。年齢は十八、原因はバイク事故、名前はティム。わずかばかり彼女が知っていたことも記事の内容とまったく同じ。彼女は全身の脱力感におそわれた……。

その後ついに彼女はついにティムの両親、そして家族たちに会うことになるのだ。そして知るのである。手術以来彼女のなかで動き出した別のものとはまさしくティムの魂、ティムの短い人生そのものであったこと。そして夢に見たものはすべて真実であったということを。

彼女は対面したティムの家族たちから聴かされるのだ。ティムは風邪をほとんどひかず、ひいてもあっという間に治っていたこと、ピーマンとチキンナゲットが一番の好物だったこと、そして事故を起こしたときもジャケットの下にチキンナゲットがあったこと、そしてチョコレートが大好きだったことを。

その後彼女はティムの両親や先生、友達たちから彼に関する情報を得たが、彼の恋人に関してはわからなかったらしい。しかし彼の友達がデイトし始めた少女で、片思いながら思い焦がれていた人はいた。シルヴィアはその人が彼女の夢にしばしばでてきた女性だと確信しているという。

以上、長いこと紹介したがシルヴィアのこの人生体験は非常に驚くべきものだ。なぜ、彼女のうえにこのようなことが起こったのだろう。まるで移植された心臓や肺がティムのすべてを記憶しているかのようだ。心臓やその他の臓器を移植された人は皆同じような体験をするのだろうか。それとも、それはシルヴィアだけに起こった例外的現象なのだろうか。

心臓移植で「タイプA人間」の心が移植された

アメリカの著名な精神神経免疫学者ポール・ピアソールは、『ザ・ハーツ・コード』(邦訳『心臓の暗号』藤井留美訳、角川書店)で心臓移植患者のうえに起こった様々な体験を紹介するとともに、なぜそういうことが起こるのかについて彼の考えを科学的に述べている。この本を読むと人生観が変わる。それとともにシュワルツの仮説が非常に現実味をおびてくる。まず、その本に紹介された移植患者の体験をいくつか紹介しよう。

心臓移植は、しばしば肺と一緒に移植した方がよいということがある。嚢胞性《のうほうせい》繊維症という遺伝病のため死の淵をさまよっていたジムという男性の場合もそうだった。彼はドナーから心臓と肺を同時に譲り受け、健康だった自分の心臓をフレッドという人に提供した。フレッドが心筋の重い感染症にかかり、命が危ぶまれていたからだ。このように自分自身もドナーになる場合をドミノ移植というが、そういうときは心臓移植を受けた人がドナー本人に会えることがある。そして移植前と移植後の自分の人生を語り合うことができる。フレッドの場合もそうだった。

フレッドの妻はカレン、ジムの妻はサンドラといった。彼らが会ってお互いの人生を語り合ったことで、前に紹介したシルヴィアの場合に匹敵するほどの〝変化〟がどこから来たのかを知るのである。まず、心臓移植後のフレッドの食の好みが変わった。シルヴィアがそうであったように、移植後の彼の好みはドナーの好みと同じになった。つまり、ジムの食の好みが移植後のフレッドの食の好みになったのである。さらに、フレッドはジムの性格までもが移植されたようになった。

移植前のフレッドはいつものんびり構えていて、かっとすることもなく、気苦労のない人間だった。一方、移植前のジムはそんなフレッドとは正反対の性格だった。行く手を阻むものがいれば叱りとばし、相手を攻撃する道具のように車を運転していた。しかも仕事以外のことには見向きもしなかったという。いわゆるタイプA人間だったのだろう。

「タイプA」とは、一九五九年アメリカの心臓専門医、マイヤー・フリードマンとレイ・H・ローゼンマンによって発見され名づけられた行動パターンのことだ。この行動パターンをもつ人には、次のような特徴が共通にみられる。

・強い競争心をもっている
・相手に敵意をもつ
・攻撃的な行動をする
・大きな声で早口にしゃべる
・いつもセカセカ、イライラしている
・同時にいくつもの仕事を行う
・仕事が大好きである

こういう人は案外多い比率で存在するので、あなたのまわりにも必ず一人や二人はいるはずだ。

最初にあげた三つの特徴を英語でいうとアグレッシブ（ＡＧＧＲＥＳＳＩＶＥ）になるのでフリードマンとローゼンマンはこの頭文字をとって、この行動パターンに「タイプＡ」と名づけた。そして、「タイプＡ」と反対に、温厚で人とあまり競争しようという意欲をもたない人を、「タイプＢ」と名づけたのである。また、彼らはその後の研究で、「タイプＡ」の人は「タイプＢ」の人に比べて、二倍以上心臓病にかかりやすいことを明らかにしている。

この分類にしたがうと、フレッドは移植手術前は「タイプＢ」、移植後は「タイプＡ」ということになろう。手術を受けてから気質が変わったことは、フレッドもジムも認めているが、妻たちも実感している。カレンは「フレッドは〔ジムの〕性格移植を受けたのです」と断言しているくらいだ。つまり、心臓移植とともに、ジムの「タイプＡ」の性格（行動パターン）までフレッドの身体に移植されてしまったのだ。

愛の営みの最中にささやいた名前

さらに驚くべきことが彼らの妻たちの会話で明らかになった。カレンはサンドラに小声でいった。

「信じてもらえないかもしれないけど、移植から何か月もの間、フレッドは私と愛しあうたびに、サンディという名前を口にしていたの。……」つまり、カレンとフレッドが夫婦の営みを行うたびに、フレッドは自分の妻ではないサンディという女性の名を口にするようになったというのだ。

サンディとはジムの妻サンドラの愛称である。フレッドは移植後、心臓を提供してくれたジムの妻サンドラと浮気をしていたのであろうか。違うのだ。サンドラはカレンに告白した。「確かにベッドのなかでは、サンディと呼ばれていたの」それを聞いて、ジムも顔を赤くした……。しかも、移植後のジムは、ベッドのなかでサンディの名を口にすることはなくなってしまった。なんということだろう。心臓移植によって、愛の営みの時、夫が妻にささやく言葉まで移植されてしまったのだ。

これに驚いてはいけない。今度はジムの身の上に起こった変化だ。ジムは典型的な「タイプA」の性格の持ち主だった。しかし心臓移植後は性格ががらりと変わり、冷静で穏やかな気質になった。また何の理由もなく気分が落ち込むようになった。ちょっとしたうつ病の傾向を示すようになったのである。さらに顕著な変化は、彼が妻のサンドラに毎月花を贈ってくれるようになったことだ。以前の彼なら花を買うなど金の無駄というわけで、花を買ってくれたことなどなかった。しかし心臓移植後の彼は、サンドラ以上に花が好きになったという。

ピアソール博士はその後ジムに心臓を提供した人がどんな人だったのか調べた。そして明らかになったことは、その人はニューヨーク出身の、引っ込み思案の若い女性で、ずっとうつ病気味だった。穏やかな口調で話す人で、花屋でパートタイムの仕事をしていたが、気の毒にも失恋がきっかけとなって自殺したということだ。

ジムはその後、呼吸器の感染症で亡くなった。彼に心臓を提供したこの女性のことをついに知らないままだったが、サンドラによると、死ぬその日までうつ病に悩んでいたという。心臓移植によって、ジムは引っ込み思案で花を愛する女性の気質を移植されたばかりではなく、うつ病までも移植されていたのである。

移植された記憶「エブリシング・イズ・コパセティック！」

次に、グレンダ医師の例を紹介しよう。たしかこの話は日本のテレビ番組でも紹介された。グレンダはある晩、夫とドライブしているとき、つまらないことで言い争いをした。それがもとで夫のデーヴィッドは運転を誤ったのだろうか、対向車が正面からまぶしい光とともに飛び込んできた。それきり夫は帰らぬ人となった。夫の心臓は、ある青年に移植された。そしてその数年後、グレンダはピアソール博士とともにその青年と母親に会うことになった。

グレンダとピアソール博士は薄暗い礼拝堂の椅子に座って、青年とその母親が来るのを待っていた。しかし約束の時間を三十分近く過ぎているのに、彼らはいっこうに来る気配がなかった。青年の気が変わったのだろう。そう思ってピアソール博士は立ち上がり、グレンダの手を取ろうとした。ところが彼女は、もう三十分も前から夫の存在が感じられる、彼はもう病院に来ているといって、一緒に待ってほしいというのだった。彼女は自分でも信じられないが、デーヴィッドの心臓が病院に来ていることがわかるというのだ。

そして礼拝堂の扉が開くと、その若者と母親が現れた。三十分ほど前に病院に着いていたが、礼拝堂の場所がわからなかったという。しばらくぎこちない会話が続いた後、グレンダは突然、青年の胸に触ってもいいかと尋ねた。彼女は夫の心臓を青年の胸に触れて直接感じたかったのだ。母親とピアソール博士に視線を走らせながらうなずいた若者はシャツのボタンをはずし、グレンダの手を取って自分の胸に当てた。グレンダの手が小刻みにふるえ、涙が頬をつたって流れ落ちた。そしていった。

「愛しているわ、デーヴィッド。エブリシング・イズ・コパセティックよ！」

それは母親にとって驚き以外の何ものでもなかった。移植手術後母親が初めて聞いた息子の言葉が、「エブリシング・イズ・コパセティック」だったからだ。この「コパセティック」（満足な、申し分のない）という言葉は、息子がデーヴィッドから心臓を譲り受ける前は一度も口にしたことのないものだった。スペイン系の彼女が知っているスペイン語にもそんな言葉はなかった。ところが手術後もしばしば息子が「コパセティック」というので、母親にとってそれは意味不明の言葉だった。

グレンダによると、それは夫との間の合い言葉で、万事オーケーという意味だという。ケンカして仲直りするとき、どちらからともなく「エブリシング・イズ・コパセティック」といっていたというのだ。仲直りするとき使っていた夫婦の合い言葉、それが心臓移植とともに見ず知らずの若者に移植されていたのだ。

そればかりではない。食べ物の好み、音楽、そして事故の記憶までも移植されたとしか思えない。その青年は手術前は菜食主義者だった。しかし手術後は肉や脂っこいものを食べるようになった。また手術前はヘビーメタルの音楽が好きだったが、手術後は五十年代のロックンロールを聴くようになった。いずれもデーヴィッドの好みに他ならない。また手術後、目の前にまぶしい光が迫ってくる夢をよく見るようになったという。それはデーヴィッドが事故死したときの光景そのものだ。

ある精神科医の証言「心臓は犯人を知っている」

もう少しピアソール博士の集めた事実を紹介しよう。博士がヒューストンで開かれた国際大会で心理学者や精神科医たちを前に話をしたときのことだ。一人の女性精神科医が質疑応答で、すすり泣き混じりの声で訴え始めた。

「私の患者で八歳の女の子は、殺害された十歳の女の子の心臓を移植されました。その子はドナーを殺した男の夢を見ては夜中に悲鳴をあげるので、母親が私のところに連れてきたのです。女の子は犯人が誰だかわかっていると母親はいいます。私は何度かセッションをくり返した後、私もその子の話を否定しきれなくなり、母親とともに警察に通報することに決めました……」（藤井留美訳、原書を参考に喚代が一部変更）

そして、女の子の証言が決め手になって容疑者が見つかり、その男の犯行だと断定されたというのである。驚くべきことに、その子のいう犯行時間、凶器、場所、犯人の着ていた衣服、被害者が殺されるときにいったことなど、すべてが正しかったのだ。

十九歳の女性の心臓を移植された四十一歳の男性は、移植手術の麻酔がさめて意識が戻ったとたん、自分のなかで嵐が起き、雷に打たれたように感じたと、自分の内なる変化を感じたという。これまでにない力のうねりやエネルギーに満ちて、まるで十九歳に戻ったような気がするというのだ。そして大きなトラックを運転している夢や、大きな蒸気機関車を動かしている夢を見たという。その男性に心臓を提供した女性は、乗っていた車が列車と衝突して亡くなっている。

二十四歳の女性の心臓を移植された三十五歳の女性は、移植後、夫とのセックスライフががらりと変わってしまった。移植前は夫とのセックスは生活のなかで大きな部分を占めていなかった。しかし移植後は、毎晩セックスがしたくてたまらず、以前は嫌いだったポルノビデオも見るようになった。興にのれば夫の前でストリップをすることもある。そんな妻に対して夫は、それも悪くはないと新しいセックスライフを楽しんでいるようだが、実は彼女に心臓を提供した女性は刺殺された売春婦だった。

二十三歳の男性の心臓を移植された四十七歳の女性は、移植後夫を見る目が微妙に変化しているのを感じた。かつての自分のように女性が男性を見る目なのか、若いゲイの男性が男を見る目なのかわからなくなることがあるというのだ。加えて、手術の後遺症と思うが、腰に撃たれたような痛みを感じるという。実は、その女性に心臓を提供した男性は同性愛者で、強盗に腰を撃たれて亡くなっていた。

心臓移植患者たちに起こったこのような事実を突きつけられると、私の人生とはいったいなんだろうと考え込んでしまう。私という存在は、私に固有の特徴をもっていることによって私が他の人と区別されているのだが、ふだんそれを格別に意識することはない。しかし心臓移植によって性格や記憶までも移植されたという体験談を読むと、自分とは明らかに違う人生があるということを実感する。

人生とはその人が生きてきた経験や記憶の集積されたものであり、またその人の性格、癖、考え方、行動パターンすべてを含んでいる。しかしそれらのものは個人に所属しているものであって、決して他人に所属しているものではない。人生というものは一人一人違っていて、自分とまったく同じ人生をもつ他人の人生などあり得ない。そして自分が固執しているともいえる自分自身の人生に、苦しみや挫折の傾向があるとしたら、それをつくり出しているおおもとのライフスタイルを変える必要があるのだろうと思う。

また、こういうことも思う。クローン技術が発達して、自分の細胞から自分のクローン人間をつくり得たとしても、そのクローン人間は自分とまったく同じ年代、環境を生きることはできない。したがって経験することや記憶することは自分のものとは違ってきてしまい、姿形がそっくりでも自分とまったく同じ人生をもつということは不可能なはずだ。しかし心臓移植を行うと、この事情が変わってくる。その心臓の持ち主だった人生の一部が、まるでその人の魂が移ってくるように新しい持ち主の人生に入り込んでくるのだ。なんと不可解なことだろう。自分の人生とはいったい何なのだろう。とりわけ移植患者にとってこの問いは重い。

なぜ、心臓移植患者にドナーの人生が入り込むのか

それではなぜ心臓移植患者にドナーの記憶や性格、行動傾向が人生の一部のように入り込むのだろう。いくつもの学説がある。まず、心臓のなかに「小さな脳」があるという説。これは今まで脳にしかなかった神経化学物質が、心臓のある細胞のなかでも発見されていることから考えられている説である。また脳ニューロンを刺激することで記憶のメカニズムに深い関係があるとされているアミノ酸の一種、神経ペプチドが心臓でも発見されているので、その神経ペプチドが原因であるという説。こ

れらはいずれも、心臓に含まれていた化学物質も一緒に移植されるから、心臓を提供した人（ドナー）の記憶が移植された人（レシピエント）に移るという考え方だ。

心臓移植患者に拒絶反応をおさえるために投与される大量の薬の影響で、レシピエントはドナーのことを連想するという説もある。

化学物質ではなく、場（フィールド）との関連で考えられている説もある。心臓は磁気をおびているがそれが脳となんらかの関係にあって、心臓に記憶が蓄えられるのではないかという説。また私が『なぜそれは起こるのか』で詳しく紹介したルパート・シェルドレイク博士は、レシピエントがドナーの「形の場」に共鳴することによって、レシピエントはドナーの記憶にアクセスするのではないかと考えている。この場合、「形の場」とは、ドナーが今までに形づくってきた人生の形のフィールドと考えていいだろう。

遠隔的な治癒現象の研究で知られるラリー・ドッシー博士は、もともと私たちの意識はつながっていることから来ると考えている。彼によると人間の意識は時間や空間によって縛りつけられてはおらず、たとえば脳など身体のどこか一定の場所に局在するものでもない。意識のどこかの次元で皆ひとつにつながっている。それが心臓移植という強烈な出来事によってドナーとレシピエントの意識が強力につながり、ドナーの記憶がレシピエントに流れ込んでくるのではないかと考えている。

ここまではなんとか科学的な説明といえるかもしれない。しかし人によってはとうてい信じられない非科学的な（?）説もある。たとえばドナーの魂が行くべき所へ行っていないので、彼らの魂がレシピエントを通じて現れるという説など、その典型であろう。これは霊媒師とかチャネラーと自らを称する人たちが多く主張する説だ。日本的に表現すれば、突然変死して心臓を取り出されたドナーの魂は成仏しないので、彼らの生への執着がレシピエントに現れるということだろう。突然死したドナーはまだ自分が死んだことを理解できないため、移植された心臓がもとの身体にいたときと同じようにふるまうと考える霊媒師もいる。

さらに心霊療法家たちのなかには、レシピエントがドナーの魂を運んでいるというものもいる。これは、いわば魂の憑依《ひょうい》説といってもいいだろう。彼らは、永遠に輪廻《りんね》転生をくり返すドナーの魂が、レシピエントの身体を借りてふたたびこの世に出現していると考える。また、彼らにいわせると、死者の魂と生者の魂はいつもつながっているという。

さらに彼らの一部は、ある人の近くにある物体はその人のエネルギーを吸収するといい、同じように人体の臓器（心臓）などにもその人の感情エネルギーが吸収され、すり込まれているという。超能力者たちが、行方不明になった人を捜す場合、その人の持ち物を手に触って透視することがあるそうだが、彼らはそうすることによってその持ち物に吸収されたその人の特徴をとらえるのだろうか。いずれにせよ、これらの説を科学的に検証できるとおもしろいことになるのだが……。

シュワルツとルセックが始めた「心臓エネルギー学」とは

心臓移植患者の様々な体験を集め一冊の本にしたためたピアソール博士は、実は自ら心臓のあたたかい癒しのエネルギーを信じ続けることによって末期がんから生還するという体験をしている。

彼は腰にできたサッカーボール大のがんを治療するため化学療法を受け、骨髄移植を受けた。体力を極度に消耗してウイルスに感染し呼吸困難におちいったこともあった。しかし、そんな瀕死の状態にあっても、彼の心臓は「だいじょうぶ、心配しないで。あなたは生き延びて、このことについて本を書き、みんなに伝えてあげなくちゃいけない……」と語りかけてくれたという。おかげで彼は健康を回復したのだというのだが、心臓が語りかけていた「このこと」とはいったいなんだろう。

それは彼がシュワルツの仮説を、心臓の記憶に特化して発展させた仮説だ。「心臓の細胞記憶仮説」とでもいおうか。彼はまさにその仮説で、心臓移植のレシピエントがドナーの記憶を保持することを説明するのだ。

この説によると、心臓は情報エネルギーの発生源であり、その情報エネルギーを心臓は絶え間なく全身の細胞に送り出している。そして、心臓の細胞がその人の人生の思い出を記憶している。さらに心臓から発せられた情報は体外にまで伝えられているというのである。

これには、読者の多くの方々が眉に唾をつけたくなるかもしれない。実際、この説を提唱したピアソール博士は多くの科学者たちから嘲笑され、批判の的になった。しかし今まで紹介してきた心臓移植患者たちの不可解な体験をどのように説明すればいいのか。ピアソール博士が考えたように、心臓の細胞が記憶能力をもっていると考えた方がすっきりするのではないか。

この説は、実はもうひとつの基本的な考え方をもとにしている。それはシュワルツとルセックが一九九三年に研究を始めた「心臓エネルギー学」に基づく考え方だ。この新しい学問はシュワルツの仮説を心臓血管系システムに適用したものである。心臓が人体で一番強力な臓器であるばかりでなく、人間の臓器のなかで最大の電磁気発生装置なので、心臓が様々なエネルギーとの仲介ややり取りの中心的役割を演じているのではないかと推測できたからだ。その前提に基づいて彼らは物理学と心臓学のもっとも単純なアイデアを動的なシステム理論によって統合したのである。

脳が心臓のまわりを回っている?

心臓が強力な電磁気発生装置であることをもう少し説明しておこう。電磁場の強さ(電磁密度)を表す単位をテスラという。これで心臓の電磁場の強さを表すと、最大で約五万フェムトテスラくらいになる。フェムトとは十の十五乗分の一なので、五万フェムトテスラというとかなり弱い磁場と思うかもしれないが、脳がつくる電磁場はわずかに十フェムトテスラに満たない。したがって心臓の電磁場は脳の五千倍くらいになる。

それでは地磁気と比べたらどうなのだろう。国土地理院のホームページによると、日本の平均的な地磁気の強さは五万ナノテスラだという。ナノとは十の九乗分の一なので人間の心臓一個がつくる磁力は地磁気の百万分の一だ。しかしこの地球上には約六十億人の人がいて、そのすべての心臓の磁力を単純に合計すると、最大で地球六千個分の磁力になる。いま仮に私たち人類のすべての心臓がなんらかの磁力でコミュニケートしているとすると、その磁場は地球という惑星をおおう人の心臓磁場

「プラネタリー・ハーツ・フィールド（Planetary Heart's Field）」と呼べるかもしれないではないか。

会社の健康診断で、ある年齢をすぎると心電図をとる。心臓がとても大切な器官だから検査しておこうというわけだ。しかし、それが簡単にできるのも心臓が電磁気発生装置だからだ。そして、心臓が発している生物物理的な情報エネルギーが皮膚の外側にでてきているからに他ならない。

また、身体の外にある電磁気に心臓が反応することがわかっている。心臓の近くに電磁石を置くと、心収縮が起こったりするともいわれているし、変電器の近くに住んでいる人にとって、そこから出る強い電磁波は心臓に悪いかもしれない。すべて心臓が電磁気発生装置であることから来ることである。

いずれにせよ、人体の磁気エネルギーシステムでは、心臓が中心である。重要な思考器官である脳は傍系にあるものでしかない。人体の磁気エネルギーシステムを太陽系にたとえると、心臓が太陽であり、脳はそのまわりを回る一惑星にすぎないのだ。心臓は太陽のように人体の各器官にエネルギーを降りそそぎ、そのめぐみを受けて各器官や臓器は生を維持しているのである。

シュワルツやピアソールたちは、そのような心臓は、タイプの異なるエネルギーや様々な周波数のエネルギーを時々刻々生成し、送信し、また受信していると考えている。そして情報を含む他のエネルギーと共鳴し、情報をやり取りしているというのだ。だとすれば、グレンダが三十分も前からデーヴィッドの心臓をもつ青年が病院に来ていることがわかったのもうなずける。そして心臓が他のシステムと情報エネルギーをやり取りするなかで、一種の記憶が蓄えられる。とくにピアソール博士は、その記憶が体内のすべての細胞、とりわけ心臓の細胞に蓄えられると考えているのである。だから心臓移植とともに、ドナーの記憶もレシピエントに移植されるというのだ。

この点、シュワルツ博士はもうすこし広いとらえ方をしている。心臓が情報エネルギーを身体の細胞のみならず体外にまで発しているということは同じだが、それは様々なシステムを構成する一要因としてのことであり、身体の細胞や体外のシステムと情報エネルギーを交換することによって、そのシステム全体に記憶が蓄えられるとするのである。具体的に記憶が蓄えられる所がどこかをいうとすれば、それは後で述べる「量子真空」である可能性が強いと彼は考えているのだ（二一五ページ以降参照）。

いずれにせよ、光が情報をのせて光速で永遠に宇宙空間を飛び続けるように、心臓から時々刻々発せられるエネルギーも、その人の情報をのせて光の速度で永遠に宇宙空間を飛び続けているとシュワルツは主張する。光については第2章に述べたように宇宙空間そのものが記憶装置になっているのと同様、心臓から発せられる情報エネルギーも宇宙空間そのものに記憶されるのではないかというのだ。そして、そのような記憶を「ユニバーサル・リビング・メモリー」と名づけるのである。宇宙の生きている記憶、というわけだ。

この「ユニバーサル・リビング・メモリー」には、実はすでにこの世を去った様々な人たちの人生の記憶も含まれているとシュワルツは考えている。彼らが生きていたとき、心臓の鼓動とともに彼らの人生の経験、思い、意識、そして智恵などの情報がエネルギーとともに放出されていたからだろう。彼らのなかには自分の先祖もいるし、まったく自分とは縁もゆかりもない人もいる。また優れた頭脳をもっていた人、さらに聖霊や神と称せられるような霊性の高い人たちもいる。したがって、生きている私たちが彼らの心に波長を合わせることができれば、宇宙空間に貯蔵されていた彼らのすべての情報を知ることができるのかもしれない。また、心臓を移植してもらうことで、レシピエントがドナーの心に波長を合わせやすくなっているとすれば、レシピエントにドナーの記憶が発現するのもうなずける。

シュワルツとルセックは様々な実験を通してそれを裏づけている。彼らは心電図や脳波計などを使い、同じ人の脳と心臓、ある人の心臓と別の人の脳、そして別の人の心臓がふたつの音叉を並べたときのように刺激し合い、共鳴し合っていることを突き止めているのだ。わかりやすくいうと、ふたりの人にお互い目を閉じて向かい合って座ってもらい、ふたりの心電図がどう変化するか調べる。そうするとまるでふたつの音叉が共鳴するようにふたりの心臓がシンクロし始めるといった具合である。

かすかな生命エネルギー、それを「Lエネルギー」と呼ぶ

ピアソール博士という人は本当に不思議な人だ。末期がんから、まさに自らのハートの力で生還したばかりではなく、人々の世界観を変えるような仮説を展開する。その仮説によって、私はまるで科学と魂《ソウル》が結婚するような感覚をおぼえる。私たちの伝統的な宗教観に基づく世界観によって信じられていたことが、彼の科学的な解説によって真実味をおびてきたり、物質還元論を中心として世界を見ていたその角度が、実はたいへんな誤りだったことを気づかせてくれたりするからだ。

その意味で、彼はまさに新しいタイプの科学者だろう。たとえば彼はシュワルツの仮説に基づいて、

心臓から発せられている、その人の様々な情報を含んだかすかな生命エネルギーのことを、「Ｌエネルギー」と呼んだ。

ピアソールによればこのＬエネルギーには、世にいう「ヒーリング・パワー」や東洋医学や漢方医学でいう「気」、あるいは「気功」のエネルギーが含まれる。また、ヨーガやインド、チベットなどでいう「オーラ」や「プラーナ」、さらには「チャクラ」から発せられる渦巻き状の生命エネルギー。あるいは、カフナと呼ばれるハワイの治療師がいう「マナ」という生命エネルギー。イスラム教神秘主義スーフィーでいう「バカラ」やキリスト教でいう「聖霊」。さらに遠隔透視やテレパシー、予知夢といった現象をもたらす媒体。人から見つめられていると感じる原因。祈りの力。さらにおもしろい例として映画『スター・ウォーズ』で賢者オビ・ワン・ケノービがルークに「フォースに身をまかせるんだ」といったその「フォース」などが含まれているという。いずれも世界中の人たちが昔から知っていた、無限の力と癒しをもたらしてくれる目に見えない不思議な力であるという。

ピアソールはこのＬエネルギーの特徴を次のようにまとめている。

・光速より速く移動し、時空の制約をいっさい受けない。
・どんな物質をも通過し、変化しない。
・第１章で述べた四つの力にない特徴をもつ（つまり、宇宙の第五の力かもしれない）。
・心臓はＬエネルギーでできている。

・振動するエネルギーの束になって空間を満たす。
・あらゆる人間と事物の間で、またそれぞれの内部で情報を伝達している。
・金属などの固いものにあたると屈折することがある。
・人や動植物には吸収されやすい。
・時間がたっても弱くならない。
・現行のいかなる測定器で観察できるよりも速い変化を起こす。したがって測定器で検知しにくいが、なんらかの形で人が知覚できることがある。
・人や事物の間を行き来しながら、それらのシステムをつなぐ力となる。
・一度つながったものを接着剤のように永遠に結びつける。

慎重な科学者であるシュワルツやルセックはこれらのことをすべて正しいと認めているわけではないようだが、ピアソール博士のこのような考え方は、シュワルツの仮説のひとつのバージョンであることに違いはない。それにしても、これほどにLエネルギーのことを認識しているピアソール博士は、おそらくそのLエネルギーそのものによって末期がんから生還したに違いない。

一卵性双生児における「人生の共鳴」

シュワルツの仮説のもっとも単純な形は、「ふたつのシステムが情報エネルギーを互いに交換し合いながらそのシステム全体に記憶を蓄える」というものであった。ピアソール博士の説は、この仮説でいう情報エネルギーをLエネルギーといいかえて、心臓や脳がそのエネルギーを交換し合っている間に、細胞に記憶が蓄えられるとしたわけだ。しかし、それ以上に彼はLエネルギーの特徴を整理して、私たちの身近に起こることをわかりやすく解釈したともいえる。そしてLエネルギーによる接続を示すものとして彼があげている例は、おのずとシュワルツの仮説を支持するものともなるだろう。次にそれをいくつか示しておこう。

ジェームス・スプリンガーとジェームス・ルイスは一卵性双生児だった。しかし生まれてすぐに引き離され、オハイオ州の別々の場所で別々の養父母によって育てられた。彼らは一九七九年、三十九歳で再会を果たした。そして、ふたりは自分たちにあまりに多くの共通点があることに驚いたのである。これは当事者でなくても驚嘆すべき事実だ。

まず、養父母によってつけられた名前がふたりともジェームスだった。ふたりとも二度結婚しており、最初の妻の名がふたりともリンダ、二度目の妻の名がふたりともベティー。ふたりとも息子たちの一人にジェームス・アレンと名をつけた。ふたりとも犬を飼っており、その犬に同じトイという名前をつけた。ふたりともミラー・ライト・ビールが好きで、セーラムの煙草のチェーンスモーカーである。愛車はふたりともシボレー。大工仕事を趣味にしていて、ふたりとも地下室に作業場をもち、同じようなものを作っていた。ふたりとも野球が嫌いで、ストックカーレースの熱狂的ファンである。それぞれ地元地域の副保安官をつとめた。ふたりとも強く爪を噛む癖がある。愛情表現が豊富で、愛の言葉を書いたメモを家じゅうに残した。過去三回の大統領選挙で同じ候補者に投票した。ふたりとも現在を大事にするタイプで、過去や未来にはこだわらない。ふたりともフロリダの同じ浜辺で何回も休暇を過ごしていた。血圧、体重、心拍数、そして睡眠のパターンがふたりともほとんど同じである。ふたりとも痔に悩んでいる。さらに十八歳の時から午後遅くなると偏頭痛に悩んでいる。そしてピアソール博士が一番興味をもったのは、このふたりが同じ時期に心臓発作を起こしていたらしいことだという。

これらの事実を、単なる偶然の一致で片づけるわけにはいかないだろう。一卵性双生児だから、遺伝子がすべて同じだから、人生のうえに起こることもすべて同じだって不思議はないともいいきれないだろう。遺伝情報が同じでも育った環境が違っていれば、五十パーセントくらいは人生が違っていても不思議ではない。一卵性双生児で同じ環境に育っても違う人生を歩む場合だってある。しかし、このふたりのジェームスの例をどのように解釈すればいいのだろう。

このふたりはとりわけLエネルギーへの感受性が強かったのだろうか。それゆえに生まれてから再会を果たすまでの三十九年間、地理的障壁を乗り越えてLエネルギーを交換し合い、そこに含まれた情報を交換し合っていたのだろうか。ふたりはまるで周波数が同じで共鳴し合うふたつの音叉のようではないか。私には、ふたりの心臓と人生がLエネルギーを介して共鳴し合っているように思えて仕方がないのだ。そして、生まれたときからつながっていたふたりはピアソール博士がいうように、Lエネルギーによって永遠に接続されているのだろう。

身体の外にいても、私たちとつながっている白血球

Lエネルギーによって接続されていると思われる例をもうすこし紹介しよう。一九九三年、アメリカ陸軍インテリジェンス・セキュリティー・コマンドの指導によって行われ、看護婦でエネルギー・ヒーラーのジュリー・モッツによって報告された実験である。実験協力者の口内から白血球を採取して試験管に入れる。そして、その試験管にはウソ発見器の電極を差し込んで、白血球の様子を調べるのである。実験協力者には別室の椅子に座ってもらい、いくつかの暴力シーンを含んだテレビ番組を見せた。

すると、その番組のなかで戦いや殺し合いの場面が出てくると、別室においてあった白血球は激しく反応したのである。そこで同じことを距離と時間をおいて行ってみた。つまり、白血球の入った試験管を、協力者がテレビを見ている部屋から離してみたり、同じ白血球がいつまでその反応を示すのかを調べたりしたのである。

結果は驚くべきものだった。白血球はなんと八十キロメートル離れても、また採取後二日後でも、暴力シーンに激しく反応したのである。つまり、被験者の口から採取された白血球は、被験者のいる場所から八十キロ離れた場所にいても、採取後二日経っても、被験者がテレビで暴力シーンや殺人シーンを見て恐れを感じた時に、恐れを感じるということだ。つまりこの実験結果で、私たちの白血球は、それが私たちの身体の中にいようが外にいようが、なんらかの形で私たちとつながっている可能

性があることが示されているのである。

一度相手とつながったら、遠隔地からでも治療できる気功師

ひと昔前、中国の気功が日本を含め、世界に紹介され始めたとき、おそらく誰もが驚いたのではないだろうか。私も、ずいぶん昔、中国の気功師が一種独特の姿勢をとりながらベッドに横になった患者に気を送ると、患者の手足がまるで空中を踊るように動き出す映像をテレビで見て、仰天したことがある。しかし、それはずいぶん前のことで、私はそれ以来気功のことはほとんど忘れていた。ところが拙著『地球は心をもっている』（日本教文社）を読んだ気功師の佐藤眞志《ただし》さんが、自分の気功と関係していると思うので是非会って話がしたいと、私に手紙を送ってきたのである。私は興味を感じ、後日佐藤さんにお会いして次のようなことを知った。

まず、佐藤さんの気功は、ふつうの気功とはかなり様相の違うものであるということである。佐藤さんが気を発するレベルが七段階あって、レベルを上げるたびに気の受け手の反応が深まっていき、レベルに応じて空中浮遊感覚や体外離脱感覚、また臨死体験でよくいわれるトンネル体験、さらに地球や宇宙の意識のようなものを感じたりするというのである。その意識が、私が『地球は心をもっている』で書いた「地球の心」（惑星心場）（二三七〜二三九ページ参照）と同じではないかというのだ。

佐藤さんの気功を受けたある体験者は、体外離脱のような体験の後、地球の外側に何かオーラのようなものがただよっているのが見え、さらに意識を集中してみると、その地球が悲鳴をあげているよ

うに感じるという。さらに佐藤さんの気を受け続けていると、第二のトンネル体験のあと、その地球の意識体のようなものから悲しみが消え、静寂と躍動を感じるようになる。そして、しばらくすると宇宙の唯一絶対的な意識体というようなものに触れ、何も考える必要のない歓喜と無上の心境になるという。しかし、これは気功の受け手の感受性の問題もあるので、誰もがそうなるとはかぎらない。

私が本書で問題にしたいのは佐藤式気功のもうひとつの特徴である。それは、いったん気功師の佐藤さんと「つながれば」、あとは離れた場所でいつでも佐藤さんの気を受けることができるということだ。つまり、佐藤さんの所に行かなくても遠隔操作で気功治療が受けられるというわけだ。実際、佐藤さんは、「患者さんがどこにいようと、その人と一度コネクトしておけば、正確にその人に気を送り届けることができる。距離や空間には関係ない」という。

佐藤さんが優れていると私が思うのは、彼が自分の気功の仕組みを大学などの研究者たちと共同で解明しようとしている点である。彼の遠隔気功についても、東北学院大学の木戸眞美《まみ》教授とが共同で研究を行っている。次に若干紹介しよう。

気を送る佐藤さんは東京にいて、その気を受ける被験者四人は三百キロメートル離れた仙台にいた。そのなかの一人は以前から佐藤さんの気功を何度も受け、佐藤さんを深く信頼している六十三歳の男性Aさん、あとの三人は佐藤さんとなんの面識もなく気功を受けた経験もない女子大生BさんとCさん（いずれも二十一歳）、内気功を指導している四十歳の女性Dさんである。佐藤さんと面識のないBさんとCさんについては実験前、顔写真と名前をファックスで佐藤さんに送っておいた。被験者たちには実験開始時間と終了時間のみが教えられており、その時間内のいつ気を送るかは知らせなかった。気を受けて効果があると、被験者の脳波はアルファ波が多くなり、血液循環状態や体表面の温度、経絡上の電気伝導度、脳内酸素代謝などに変化が表れる。目に見える変化としては身体が激しく動く、あるいは光のイメージを見るというものがある。

この実験の結果、AさんとBさんが顕著に気に反応した。それも、佐藤さんが気を送りだすとふたりはそれに反応し、気を送るのを止めると、反応はおさまった。それは様々な測定値にも現れている。またふたりともに気に反応して腹部がへこんだり、光のイメージを見るという経験をしている。しかしCさんとDさんには報告するほどの変化は現れなかった。

この実験の趣旨は、三百キロ離れた所にも佐藤さんの気が届くという事実を証明するためのものだったが、それはそれとして、私は別の意味でこの実験結果に非常に興味を感じている。ピアソール博士の、「Lエネルギーが一度結びつけたものは永遠に接着させる」という考えを、この実験結果が支持しているのではないかと思うからだ。

シュワルツの仮説が説明する遠隔気功の謎

シュワルツの仮説を適用してさらにいうとすれば、治療師として健康な癒しの気という情報エネルギーを送る佐藤さんというシステムと、その情報エネルギーを受けるAさんというシステムは、全体としては音叉のように共鳴しながら自己改変するひとつのシステムである。Aさんは何度も佐藤さんいる。したがって、そのシステムを構成するふたりが距離的・空間的にどんなに離れていても関係なく作動する。実際、佐藤さんは、「一度コネクトしておけば、気の送り手と受け手の間のコミュニケーションがとれるから遠隔治療がやりやすい」と証言する。シュワルツの理論からいえば、気功による遠隔治療ができて当然なのだ。

それでは、気功治療の経験のないBさんも同じように反応したことをどう解釈するのか。それはBさんが佐藤さんの気に感じやすいということと、佐藤さんというシステムとBさんというシステムが、遠隔気功によって共鳴しながら自己改変し始めたということではないだろうか。佐藤さんの気が強いので、ふつうのように対面して気を送らなくてもいいのだろう。ここで留意しておかなければならないことは、実験開始前にBさんの顔写真と名前がファックスで佐藤さんに送られていることだ。ファックスの顔写真は真っ黒でわからなかったというが、それはBさんの情報に他ならず、ファックスで情報を送ったということは、シュワルツの仮説でいう情報交換がその時点ですでに始まっていたことを示すのではないか。

ではなぜ、同じようにファックスで顔写真と名前という情報を送ったCさんには、顕著な気の効果が認められなかったのであろう。おそらくそれはCさんの感受性の問題だろう。遠隔気功でなく、目の前で面と向かって気を送っても人によっては反応を示さない人がいるのだから、遠隔気功だって同じことだ。しかし、そういう人でも何回か気を受けていると必ず反応するようになるという。それが気功の特徴でもあろう。では、Dさんはどうだったのか。彼女は佐藤さんの気功を三回ほど受けたことがあるというので、遠隔気功に反応してもよさそうだが、実際には反応しなかった。彼女は内気功の指導もしており、「気」に熟達した人なので、実験中も「気」をコントロールしてしまった可能性があると、佐藤さんはいう。どういうことだろう。

ここでまた「佐藤さん―Aさん」というシステムを考えてみよう。佐藤さんは健康そのものだが、もしAさんが病気がちの人だったら、このシステムは常につながっているので、いくら佐藤さんが健康そのものだとしても影響を受けるのではないか。佐藤さんとAさんはまるで共鳴するふたつの音叉のように情報エネルギーを交換しているのだとすれば、佐藤さんがちょっと油断したすきに、Aさんの〝病の気〟が佐藤さんの心身に入り込んでくる。しかし、「気」に熟達した佐藤さんは、それを無意識のうちにコントロールし、Aさんからの情報流入を防いでしまう。患者を何人ももつ気功治療師にとって、そうでもしなければ身体がもたないのではないか。「気」に長《た》けたDさんにもそのような自律的な制御メカニズムが遠隔気功の実験中に働いた。そう考えることはできないだろうか。

佐藤さんは宇宙の四つの力（重力、電磁気力、強い力、弱い力）の他に第五の力として「精神エネルギー」があり、これには外界宇宙から体内に入ってくるものと、内界宇宙から湧き出るエネルギーとがあって、佐藤式気功は後者に関係するものだという。また、すべての人には集合的無意識層のさらに下にある内界の大いなる宇宙とつながっているので、気功でちょっと刺激すると、その大いなる宇宙から精神エネルギーが湧きあがってくる。そのエネルギーは自己治癒力を発揮し、病気だった人も、やがて健康になるというのだ。してみると、佐藤さんは内界宇宙から湧きあがるその大いなる精神エネルギーをふんだんに受けているので、どんな病気の人とつながっても平気ということか。

「気」とは何かという問いに、今の科学は正確な答えを出すことはできない。電気通信大学名誉教授の佐々木茂美さんは「気はエネルギーである」といっている。実際に気功師が「気」を発する時に、磁気、静電気、超低周波、遠赤外線などが検出されているからだという。それはピアソール博士のいうLエネルギーの正体なのだろうか。佐藤式気功には、さらにもうひとつの特徴がある。それは、この気功を受けると佐藤さんが「中丹田」と呼ぶツボが自然に活性化することにより、身体の免疫力が強まり、寛容と包容力が高まるということである。これは、人に対する寛容と包容力に欠け始めている現代人にとって、示唆に富むものであろう。

ちなみに、ピアソール博士は、心臓はヨーガなどでいう第四のチャクラ（アナハタ・チャクラ）の部位であるという。その点を詳しく調べてみると、たしかにアナハタ・チャクラは胸腺・心臓・肺の部位にあるチャクラである。また、このチャクラが目覚めると、霊的な波動を感知し、それに共鳴する能力が備わってくるという。本能的に他人の喜びや悲しみを感じ取り、時には他人の肉体的苦痛まで自分の肉体のなかに感じることがあるというのだ。

佐藤さんのいう中丹田は、まさにアナハタ・チャクラの部位の中心にある。佐藤式気功の体験者の多くは、「ちょうど胸腺の下あたりからエネルギーが湧いてくるようだ」と証言しているという。佐藤さんは、それは「胸のなかから湧いてきて全身に広がっていくやさしいエネルギーで、他の気功と違って脳に対しては、とてもソフトな感覚で癒していく」と主張する。これは、まさにピアソール博士のLエネルギー、あるいは心臓エネルギー学でいう通りなのではないだろうか。

あなたの心身の調子がコンピュータに影響する？

さて、一卵性双生児の間で情報エネルギーをやり取りする例や、遠隔気功などを取り上げて、Lエネルギーらしきものによる情報の伝達について述べてきたが、実はそういう現象は人間の間だけに起こることではない。読者諸氏は今まで、自分の心身の調子と、コンピュータの調子とがシンクロしているような経験をしたことはないだろうか。どうも今日は気分がのらないとか、身体がだるいというようなときにコンピュータを使っていると、そのうちコンピュータがフリーズしてしまったということが、私にはよくある。

それを痛切に感じたのは仕事が忙しくて疲れていたところに、さらにストレスを感じることがあって、体調をくずしていたときのことだ。それでもまだ調べてないことがあったので、インターネットで調べてみようと、愛機（オールドマック改造機）を起動しようとしたのだが、起動が途中で止まってしまったのだ。ポインタが画面の左上で止まってどうやっても動かず、メカに弱い私は電源を切る以外に方法を思いつかなかった。

そしてまた電源を入れると、前回電源が適切に切れなかった可能性があり云々と、コンピュータは自分で懸命に修復を試みているような動作をするが、やはり途中で止まってしまう。何回やっても同じ症状で、どうしようもない。さて困った、これでは何もできない。身体の具合も悪いからもうやめるしかないと、私は寝込んでしまった。翌日、体調が回復したので、近くの本屋さんにいってコンピュータトラブル解決法なる分厚い本を立ち読みしてみると、まずこれをしてみようと思って、本に書いてあった秘策を三つほど覚えて家に帰った。

コンピュータに詳しい人なら、なんだそんなことかと思うだろうが、第一の秘策は、マウスをキーボードからはずして直接コンピュータ本体につなげてポインタを動かすという方法だ。やってみるとうまくいき、起動が続行した。つまり、キーボードが壊れている可能性があるわけだ。そこで、むかし使っていたキーボードがまだ使えるので、それをつないで起動すると、またうまくいかない。とすると、どうやらキーボードとコンピュータ本体をつなぐコードが切れているのか？ あまり起こりそうもないことだとは思ったが、ためしに取り替えてみると、うまくいったではないか！

しかし、キーボードとコンピュータ本体をつなぐコードが中で断線していたというのはいったいどういうことだろう……。私は考え始めた。そうか、日頃の使い方が悪かったのだ。本などにうずもれていて場所が狭いので、コードが折れ曲がるようにキーボードを置いて使っていた。では、なぜ体調の悪いその日に断線したのか？ 日頃のよくない生活習慣で体調をくずしたその日に、使い方が悪くて切れそうだった線が、ついに切れた。これは、世にいうシンクロニシティー（偶然の一致）なのか？ それとも、コンピュータにかじりついてばかりいないで、たまには休みなさいという、何かの知らせなのか？

私は、今までにコンピュータを使っていてトラブルが起こった時のことを思い出してみた。記憶はウソをつくという説がある。人は自分の都合のいいようにものごとを覚えてしまうという仮説だ。だから、私の記憶もあてにはならないが、思い起こしてみると、心が穏やかでなかったときとか、心身が重たかったようなときにかぎって、コンピュータがトラブルを起こしていたような気がするのだ。

つまり、私の心身と、私が愛用しているコンピュータとは、常になんらかの情報エネルギーを交換している一体となったシステムなのではないか。シュワルツの仮説の虜《とりこ》になっていた私は、そのような非常識なことを思いついた。

「例外現象」を研究するプリンストン大学のプロジェクト

そこで私はこの種の問題を科学的に研究している人はいないか調べてみた。世の中とは広いもので、人間の心と機械との関係を長期的に調べている科学者たちのグループがあることがわかった。本も出されている。代表的なものは、『実在の境界領域——物質界における意識の役割』(邦訳、技術出版)という本で、アメリカ・プリンストン大学のロバート・G・ジャンとブレンダ・J・ダンという博士たちによって書かれたものだ。彼らは変則的(例外的)現象を科学的に研究するPEARプログラムの中心メンバーだ。さっそく購入して読んでみたところ、かなり難解ながらもそのプログラムで行われた膨大な研究成果が面白くまとめられていた。

たとえば乱数を発生させる機械を使っての実験だ。ご存知ない方のために説明しておくが、乱数というのは、まったく規則性のない並び方をしている数のことである。乱数を表にした乱数表というのも大きな書店なら売っている。また簡単な乱数に、二進乱数というのがある。わかりやすくいえば、コインを振り上げてオモテが出たら0、ウラが出たら1として、何回もコインを振り上げて、0と1を不規則に並べたものと思っていただきたい。

そういう乱数を電子的に発生させる装置（コンピュータ）をつくり、オペレータがその乱数発生に影響を与えようと意図しながらその装置に対面する。そうすると、わずかではあるが確実にその乱数発生状況にかたよりが生じたというのだ。その実験は息苦しくなるくらい厳密に行われており、またあきれるくらい途方もない回数くり返されている。そして得られた結果を統計処理すると、明らかにオペレーターの意図が機械に影響を与えていると結論されたのだ。

やはり人間の心はコンピュータに影響を与えるらしい。ところがこれは人間だけではない。ヒヨコもロボット（コンピュータ）に影響を与えるらしいのだ。

ヒヨコの心と「共鳴」するロボット

私は『なぜそれは起こるのか』の文庫化にあたり、その本で紹介した仮説の提唱者ルパート・シェルドレイク博士に、彼の近況を問い合わせるメールを出した。すると彼はすぐに返信を寄せてくれて、「あれ以来、『Dogs That Know When Their Owners Are Coming Home』（邦訳『あなたの帰りがわかる犬』、工作舎）など動物たちの未知の能力について追求している。最近書いた同題の本も日本語に訳される予定なので、そのことを文庫版の序文にぜひ紹介しておいてほしい……」と近況を知らせてきた。

そこで私は二年前にすでに購入して積み上げておいた本棚のなかから、その原書を取り出してみた。そして栞《しおり》がはさみこまれているページがあったので、そこを開いてみた。すると「The power of intention（意図のパワー）」という小見出しのもとに、私がまさに探していた実験結果の解説が出ていたではないか。私はこの本をアメリカの本屋さんから取り寄せて以来、他に読まなければならないものがたくさんあって、それをまともに読む暇がなかった。しかし、いずれ精読しなければならないと、そのまま書棚にしまっておいた。その時栞を無意識にはさんでおいたのだろうか。そのページにはシエルドレイクによって次のような実験結果が紹介されていたのだ。

それはルネ・ペオックという科学者がヒヨコの「すり込み」をうまく利用して行った実験である。「すり込み」とは、鳥の雛《ひな》が卵からかえったばかりのとき、そばにいる動くものを親だと思いこみ、その後をついて歩くようになる現象だ。最近は、小さなカモの雛が何羽も一列になって親鳥のあとをよちよちとついて歩くほほえましい姿が報道されたりする。これは雛たちが生まれたとき親鳥がきちんとそばにいたので「すり込み」がうまくいった証拠だ。

ペオックはヒヨコが卵からかえるときに親鳥をそばに置いておかず、そのかわり小さなロボットをそばに置いた。そして、ヒヨコにそのロボットを親だと思いこませたのである。そのロボットは車輪で動くようにできており、何秒間か直進したあと停止してから方向を変え、また何秒間か直進する。ロボットには乱数発生装置が内蔵されており、その乱数が、直進する秒数と停止後の回転角度を決めるように設計されている。乱数の発生するままにロボットが動くと、ロボットの動きはまったくでたらめになるはずだ。実際、広い部屋のなかでロボットを動かしてみると、それは部屋中をまったくでたらめに動きまわった。

ところが、そのロボットを親と思いこんでいるヒヨコを小さな籠《かご》に入れ、その籠を部屋のそばに置いてみると、ロボットの動きが一変した。籠からは部屋のなかのロボットの動きが見えるようにしてあった。つまり、籠のなかのヒヨコはロボットをじっと見つめることができたわけだ。そして実際、ヒヨコは部屋のなかのロボットを親だと思ってじっと見つめていた。

すると、ロボットの動き方が明らかにヒヨコの置いてある方に偏ってしまったのだ。相変わらずでたらめな動き方はしていたが、部屋全体にランダムに動くのではなく、ヒヨコの置いてある壁側に動きが偏ったのだ。ヒヨコがロボットを見つめて、お母さんのあとをついて歩きたいと思ったかどうかはわからないが、親であるロボットはそんなヒヨコの方をうろうろと動いたというわけだ。おもしろいことだ。こんなロボットを愛玩用のおもちゃとして売り出したら、よく売れるのではないだろうか。

しかし、なぜこんなことが起こるのだろう。こういうことがほんとうに起こるとすれば、ヒヨコの心（意思）がロボットの乱数発生装置に影響を与えたと思うしかない。あるいは逆に、乱数発生装置をもっているロボットは、なんらかの意思をもちうるのだろうか。いくらなんでもそんなことはないだろう。シェルドレイクはこの現象に、彼お得意の「形の場」による作用を持ち出す。つまり、ヒヨコと親鳥であるロボットは「形の場」でしっかりと結ばれているので、ヒヨコはロボットを引き寄せたのではないかというのだ。

では、シュワルツはどのように考えるのだろう。彼は基本的に「シェルドレイクの仮説」でいう「形の場」や「形の共鳴」は「シュワルツの仮説」で説明がつくと考えている。この点は後で詳しく述べるが、この実験結果についてだけいうとすれば、ヒヨコとロボットはなんらかの情報エネルギーを交換し合いながら、輪になったフィードバックシステムを形成していると考える。ヒヨコから発せられる情報エネルギーは、Lエネルギーだろうか。ロボットはコンピュータでもあるから、なんらかの電磁波を発しているだろう。それらの情報エネルギーを交換し合いながら、ロボットはランダムな動きをヒヨコの側に傾けた。シュワルツはそう考えるのだ。

イェール大学初代学長の見た不思議な夢

さてここで、シュワルツに関する重要な逸話を述べておかなければならないだろう。実は彼は「シェルドレイクの仮説」の真偽を問うために世界に公募されたアイデア競争で一等賞に輝いた男なのだ。

イギリスの生化学者ルパート・シェルドレイクは一九八一年に出版した『生命のニューサイエンス』で「形成的因果作用の仮説」（シェルドレイクの仮説）を発表した。しかしその内容があまりにも斬新だったため、世界中の科学者たちの議論の的にされた。とくに科学雑誌「ネイチャー」が彼の本を「焚書《ふんしょ》候補ナンバーワン」と酷評したのがさらに話題を呼んで、イギリスのテレビ局を巻き込んだ議論にまで発展した。多くの学者たちはその仮説を否定したが、世界的な物理学者デーヴィッド・ボームをはじめとする一部の先進的な科学者は彼の仮説を擁護した。

その議論のひとつに、ニューヨークにあるタリタウン財団によるアイデア競争があった。シェルドレイクの仮説が正しいか、間違っているかを証明する実験を行ってその結果を一九八五年十二月三十一日までに論文にまとめて送るというものだ。シェルドレイクはいろいろな人に声をかけたが、シュワルツにもこのアイデア競争に参加してみないかと声をかけていた。しかしシュワルツは「ノー」と答えていた。ところがその後すぐに彼の頭のなかにおもしろいアイデアが浮かんでしまった。それはヘブライ語の認識に関する実験である。なぜそれをすぐに思いついたかというと、彼は心理学者としてカバラというユダヤ教の神秘学を科学的に解明してみたいという欲求を長年心にいだいていたからという。

その時彼はイェール大学の教授だった。彼の研究室には五脚の椅子があった。そのすべてにイェール大学の紋章がついていたのだが、キリスト教系大学なのにヘブライ語四文字がその紋章のなかに刻まれていた。なぜだろうか? 彼はそれが不思議でならなかった。そこで大学の図書館で調べてみた。するとまたなんとも不思議なことがわかったのである。イェール大学の初代学長がユダヤ教聖職者(ラビという)を友人にもっていた。学長はある晩夢を見た。そのなかにヘブライ語の文字が現れた。彼は意味もわからずそれを書きとめ、友人のラビに見せた。するとラビは大変驚いた。なぜならその文字はカバラで重要な意味をもち、イェール大学のモットー「光と真実」に関係したものだったからだ。そしてそのヘブライ文字が大学の紋章に入れられることになったらしい。

ヘブライ語は何千年もの間、人々に読み続けられてきた。ということは、ヘブライ語の認識という「形の場」ができている。それが、シェルドレイクの考え方だ。その「形の場」は私たちがヘブライ語を学習しようとするときの助けになる。英語の学習でも同じことだが、すでに多くの人々が長い年月使っている言語を学習しようとする場合、新規につくった人工言語を学習するよりも容易に修得することができる。それは過去に人々が使っていた言語認識の「形の場」が、その言語学習を後押ししてくれるからである。それが言語学習に関するシェルドレイクの仮説の解釈だ。

この考え方が正しいとすれば、ヘブライ語認識の「形の場」が今も存在しており、ヘブライ語が読めない人でも、その「形の場」がヘブライ語認識を助けるのではないか。だとすれば、ヘブライ語を知らない人がホンモノのヘブライ語と、ニセモノのヘブライ語を見たときに、その意味の感じ方に違いが出るのではないか。それがシュワルツの着眼点だった。

ホンモノの言語は、ニセモノの言語より認識されやすい

彼は著名なラビを父にもつ大学院生の協力を得て、ヘブライ語の旧約聖書から、三つの文字からなる四十八語を選んだ。そのうち半分はよく使われる単語で、他の半分はあまり使われない単語とした。また、同じような三文字の組み合せで、まったく意味をもたないニセモノの単語四十八語をつくった。そしてヘブライ語をまったく知らない学生九十人に対して、これらの単語を順不同に見せ、心に浮かんだその言葉の意味を紙に書かせた。そして、それがどの程度あたっているか、つまりその意味に対

する確信の度合いを五段階の数字で書かせたのである。

すると驚いたことに、ホンモノのヘブライ語を見たときに学生たちが感じたその意味に対する確信度は、ニセモノのヘブライ語を見たときに思い浮かんだ意味に対する確信度よりも、明らかに強いという結果が出た。つまりホンモノの単語を見たときの方が、その意味を強く確信できたというわけだ。

さらによく使われるヘブライ語の単語の方が、あまり使われないヘブライ語の単語よりも、それを見たときに思い浮かんだ意味に対する確信度が強かったのだ。これが何を意味するかというと、ヘブライ語認識の時に、その「形の場」が強く作用しているのではないかということだ。詳しくは『なぜそれは起こるのか』に書いたので、興味のある方はお読みいただきたい。

シュワルツは実はこの実験結果をすぐには信じられなかったので、同じ実験を五回ほどくり返したという。しかし結果は同じだった。そこで彼はそのことをシェルドレイクに報告した。シェルドレイクは是非論文に書いてアイデア競争に寄せてほしいといった。残念なことにその時シュワルツの母親が亡くなったので、論文をまとめる時間がなかった。それで彼はアイデア競争に論文を寄せることをあきらめた。

一方、シェルドレイクは彼の仮説を支持する貴重な実験結果を世に出すのをあきらめなかった。彼はタリタウン財団に締め切りを延ばすよう要請した。そして締め切りは四ヵ月ほど延ばされた。シュワルツはその間に論文にまとめ上げ、アイデア競争に応募した。おもしろいことに、その四ヵ月の間、もうひとつの論文がまとめられていた。シュワルツと同じような発想で行ったイギリスの心理学教授によるペルシャ語の認識実験である。結局、このふたつの研究がアイデア競争の同点一位に選ばれたのである。

しかし、そういうシュワルツに向けられた学者仲間たちの目は冷たかった。彼はそれがショックだった。そして「シェルドレイクの仮説」のことを心の隅に追いやった。

それは改訂版「シェルドレイクの仮説」か？

「シェルドレイクの仮説」では、すべてのものは過去に存在した同種のものの形から、一種の共鳴作用を受けるので、過去と同じ形になる、と考える。生物についていえば、ある生物が今のような形をしているのは、その生物の過去の形による共鳴現象が起こっているからだというのである。少々わかりづらいかもしれないので、例をあげて説明しておこう。

動物園に行くとかならずキリンがいる。首が長いので子供たちにとても好かれる。でも彼らは、どうしてあんなに首が長いのか。首が長くなるように遺伝子にプログラムされているからだ。大多数の人がそう答えるだろう。たしかにその通り、と、シェルドレイクもいう。しかし彼の変わっているところは、キリンの首が長いのは遺伝子のせいだけではない、と主張する点だ。

彼はこういうのだ。キリンは昔からずっと首が長いという形をしていた。そのことによって、首が長いキリンという「形の場」がこの時空に定着した。いま生きているキリンは、その「形の場」に共鳴し、その作用に誘導されながら、身体の形をつくっていく。だから、結果としてキリンの首は長くなるのだ。遺伝子はその「形の場」の誘導にしたがって、キリンの首を長くするように身体の部品を組み立てる道具にすぎない……。

要するに、過去に生きていたキリンという存在によって、キリンの首は長いということを記憶する一種の場《フィールド》が時空につくられており、遺伝子によってキリンの首が組み立てられ始めると、キリンはその場に共鳴し、そこから時間と空間を越えて〝長い首〟という情報が流れ込んでくるということである。

賢明なる読者諸氏はここで、「シェルドレイクの仮説」が「シュワルツの仮説」ととても似ていると思われるであろう。たしかに似ている。実際シュワルツがシェルドレイクの仮説を知ったとき、この仮説はシュワルツの考える「動的システム記憶」のプロセスで説明がつくと思ったという。

しかし決定的な違いがある。シェルドレイクは「形の場」による「形の共鳴」作用は非エネルギー的なものであると考えるのに対し、シュワルツはエネルギー的なものであると考えるのだ。シュワルツは、「形の場」による「形の共鳴」作用には、ふたつのシステム間での情報エネルギーのやり取りがともなうとするのである。そして、キリンの首が長いという「形の場」は次節で述べる「量子真空」のなかにできており、長いキリンの首の形状はその量子真空に記憶されていると考えるのだ。したがって、今生まれたキリンは量子真空のなかの記憶と情報エネルギーを交換しているというのである。

彼がアイデア競争で一位に輝いた実験の例でいえば、多くの人たちによってヘブライ語が読まれ認識されてきたことによって、その認識プロセスの情報が量子真空に記憶されており、今私たちがヘブライ語を読もうとしたとき、私たちはその記憶領域に無意識にアクセスし、ヘブライ語認識プロセスの情報エネルギーを受け取るのではないかということだ。

この違いは、量子真空にある記憶の場を、テレビ局にたとえるとわかりやすい。テレビ局はいつもなんらかの番組を放送している。その番組のひとつに「ヘブライ語の読み方」というものがあったとしよう。私たちがヘブライ語を読もうとするとき、私たちはテレビのチャンネルを合わせて、その番組を見る。テレビ受信機はヘブライ語に関する情報をのせた電波に同調し、ブラウン管にその番組が映し出される。シェルドレイクはテレビ局から受信機に送られてくる「形の場」の情報は非エネルギー的であり、時間と空間を越えて伝達されるとする。しかし、シュワルツは動的システム記憶仮説のモデルで単純化し、それはやはり現実的にはエネルギーの一種ではないかと考えるわけだ。

「量子真空」——生きている宇宙が記憶を蓄える空間

さてそれでは、「量子真空」とは何なのだろう。システム哲学者でブタペストクラブ（二三〇ページ参照）の会長でもあるアーヴィン・ラズローが『創造する真空』（原題 *The Whispering Pond*）（邦訳、日本教文社）で詳しく解説している。それによると、量子真空とは、現代の量子力学で考えられている「ゼロ点エネルギー場」である。ちょっとむずかしくなるが、これは波動力学にも特殊相対性理論にも従うシステムにおける最低のエネルギー状態である。しかし、宇宙の電磁気力、重力、核力の源であり、物質粒子の源でもあるという。

昔なら真空は物質も粒子も何もない空間とされた。ところが現代の物理学では、それは量子真空といって、特殊なエネルギーをもっている空間とされているのだ。その空間では粒子と反粒子が連続的に創造されては破壊されている。また真空のエネルギーは、引力に反して宇宙空間を膨張させている原動力かもしれない。不思議なことに空間が広がってもそのエネルギーは薄まらず、ますます増えていくという。

いずれにせよ、そこには情報と特殊なエネルギーがいっぱい詰め込まれているのだ。それは「量子的な可能性の海」といってもよい。シュワルツによると、そのような真空を動的システムとしてみると、そのシステム自体がまるで生きているようにふるまい、進化するようにふるまうという。

そして、そのような量子真空は、すべての空間に遍在するという。私たちの身体も、植物も鉱物も、列車や飛行機も、山も海も、地球も宇宙も、すべて遍在する量子真空のなかに浴しているのである。

シュワルツはこの量子真空の性質について、おもしろいたとえ話を持ち出して説明している。音は空気中を伝わるが、水の中の方が速く伝わる。しかし、金属などの物体のなかの方がもっと速く伝わる。なぜならば、音を伝える媒体物質が空気よりも水、水よりも金属の方がより緊密につながっているからだ。媒体物質は音波に共鳴しながら音を伝えているのだが、媒体物質の分子どうしのつながり方が緊密であればあるほど、その伝わり方は速くなる。電流の場合も同じことがいえる。

ここで、媒体物質のつながり方がゼロ点に近づく(密着している)とどうなるか。超常的なことが起こってくるのである。たとえば超伝導現象などのように。電気抵抗をまったく受けずに、超伝導物質のなかを電流は素速く流れる。電流は情報エネルギーでもあるわけで、これは超伝導物質のなかを情報エネルギーが流れるということである。

私たちの身体やこの宇宙のすべてのものが量子真空のなかに浴しているとすれば、量子真空がゼロ点エネルギー場なので、ちょうど超伝導物質のなかを自由に電流が流れるように、情報エネルギーは量子真空のなかを自由に行き交うのではないか。

シュワルツの仮説では、システムどうしが情報エネルギーを交換し、そこに記憶が保持されると考える。しかし誤解してはならないのは、その記憶は、静的なものではなく、動的なものであるという点である。システムどうしがお互いに情報エネルギーを交換するという現象は、際限なく続き、そのことによって動的記憶が形成されていくのである。

このように、量子真空のなかを様々な情報エネルギーが際限なく行き交うことによって、様々な記憶が量子真空のなかに保存されるのではないか。シュワルツはそのように推測するのである。

ところで、ラズローは『創造する真空』でもうひとつおもしろいことを書いている。インド各地で仕事をしたイタリア人研究者ニタモ・モンテクッコがこういう実験をしたというのだ。ふつう、人間の右脳と左脳の脳波のパターンは通常の意識状態にいるときは同調していない。ところが瞑想の経験を積んだ人が深い瞑想状態に入ると、右脳と左脳の脳波のパターンはきわめて同調した形になった。また、互いに知覚的な接触をせずに同時に瞑想しているふたりの脳波のパターンは、右脳も左脳も、まるで周波数の同じ音叉が共鳴しているときのように、同調した形になった。ふたりの瞑想者の脳波のパターンはほぼ同じになったのである。

ここまでは、なるほどそういうことがあっても不思議ではないと思う。しかし驚くべきは、被験者の数を増やしていくと、瞑想を同時にしている最大十二人の脳波のパターンが恐ろしいほど同調したということだ。ラズローはその実験現場に立ち会っている。そして何人までならその脳波を同調させられるか、その限界は今のところ不明だという。モンテクッコは、多くの人間の同時瞑想によって、「仏陀フィールド」と呼んでもいいような大いなる場が形成されるのではないかという。

このような現象もおそらくシュワルツの仮説で説明できるだろう。ふたりの瞑想者はお互いになんらかの情報エネルギーを出し、それを交換することで、システム全体として自己改変する。その結果ふたりの脳波はまったく同じ状態におさまる。そして、それは何人でも同じ結果になる。違いがあるとすれば、多数の瞑想者が同調したシステムには全体として素晴らしいシステム記憶が蓄積される。おそらくは「量子真空」のなかに……。

自分の人生記録が「宇宙のホームページ」に存在する?

Lエネルギーを説くピアソール博士は、私たちが「魂」と呼ぶものの少なくとも一部は、細胞の情報エネルギー記憶ではないかという。また、前に述べてきたような心臓移植患者の体験や細胞の記憶について考えれば考えるほど、かすかなLエネルギーが形となって現れたのが私たちの姿ではないかと思えるという。さらに、すでに世を去った人たちが集めた情報は、かすかなエネルギーの形ですべての細胞の記憶システムに残されているのではないかという。

私は彼のこの考え方はきわめて示唆に富むものであると思う。シュワルツの仮説の観点から見ると、「魂」や世を去った人たちの人生の記憶が、私たちのまわりに遍在している「量子真空」のなかに織り込まれて存在している可能性があると思うからだ。

ラズローはこの点について、さらにおもしろい考え方を展開している。私たちは日頃の活動のなかで、宇宙の情報プール（量子真空）のなかに経験を読み込ませる。読み込まれた私たちの経験情報はプール全体に散らばっているのではなく、インターネットの海にある自分のホームページのように、ひとつに統合されて存在する可能性があるというのだ。そして、そのホームページに人生の記録を書き込んだ本人の身体が消滅した後も消えることなく、「幽霊《ファントム》パターン」として保存され続けるのではないかという。

さらに彼はこんなことまでいう。胎児は母親の子宮のなかで成長していくどこかの段階で、その人生記録にアクセスできるカギを開け、その記録を読み出し始める。前の人生においてどのような死を迎えたのか、人生のなかでもっとも印象に残っている事件、トラウマや楽しい記憶、好きだったものや職業、そういったものを読み出すのではないか。

生まれ変わり事例の研究者としてあまりにも有名なイアン・スティーヴンソン博士が報告するように、この世に生まれ子供へと成長するある一時期に、幼児たちが前世の記憶と思われることを語り出すことがある。生まれた国の言葉とはまったく違う、その子が知るはずもない言語を話し始めたり、前世で深い傷を負ったとまったく同じ身体の場所に生まれながらのあざをもって生まれてきたりする。それは彼らがアクセスし読み出した「幽霊《ファントム》パターン」なのではないか……。もしそれが事実なら因果応報や輪廻転生といった現象も科学的に説明ができる。彼はそういうのだ。

「音楽をありがとう」――リンダの亡き父からのメッセージ

ラズローのいう宇宙の情報プールのなかに、すでに世を去った人たちの人生記憶が保存されているのなら、特殊な体質をもった人はもしかするとその情報にアクセスし、取り出すことができるのかもしれない。次にシュワルツ自身の体験を紹介しておこう。

一九九七年、彼がロサンジェルス南のアービンで行われるバイオフィードバックに関する学会に出席したときのことだ。地元に住む彼の友人で精神科医ドナルド・ワトソン博士の紹介で、霊媒師の女性ローリー・キャンベルに会った。彼女はワトソン博士の亡き息子から驚くべき正確さで情報をキャッチすることができ、その霊と話すことができるからシュワルツに是非会ってほしいということだった。

シュワルツがローリーに会うやいなや、彼女は「私はあなたのお母さんがここにいるのを感じる」といった。そして彼女はシュワルツの母親の特徴を驚くべき正確さでいいあてたのだ。大きな声でしゃべる、人を深く愛し、人のために奉仕をいとわず、強い霊感があり、意志が強い小太りな女性……。

ワトソンが自分の母親のことをローリーにいっているわけがない、彼女は私の心をテレパシーで読んでいるのだろうか……。自問自答しながら、シュワルツは冷静を装い科学者として、彼女の能力、そして彼女が起こす現象を客観的に調べるために来ているのだと自分にいいきかせた。そして彼はリンダ・ルセックの父親についての情報を何か読みとれるかどうかローリーに尋ねた。

彼女は深く意識を集中し始めると、やがてリンダの父、ヘンリーのことを語り始めた。彼は娘さんに対してあふれんばかりの愛情をもっていた。そして死んでから長い間、リンダと話せるときが来るのをまっていた。リンダはシュワルツとともに、死んだ自分とコンタクトする実験を始めたのだから……、といっているというのである。

そこでシュワルツは急遽《きゅうきょ》リンダに電話をすることにした。「ちょっとおもしろいことがあるよ。ただし何もいわないで、ただ聞くだけにしてね」そういって、彼は受話器をローリーに渡した。するとローリーはただちにこういった。「私はあなたのお父様からのお話を聞いているわ。彼はあなたに『音楽をありがとう』と伝えてほしいと……」

そばで聞いていたシュワルツには意味がわからなかった。「音楽をありがとう」っていったい何のことだろう。しかしリンダはその言葉を聞いたとたん、腰を抜かして椅子に座り込んでしまったのである。ショックだった。

後になって、その謎が解けた。リンダから父親の死にまつわる話をその時聞いたからである。リンダによると、一九九〇年五月彼女の父ヘンリー・ルセックは病院の集中治療室にいた。医者たちは、意識を失ってベッドに伏せているヘンリーは、もうまわりのものに対する認識はないと確信していた。しかしリンダはそれでも父親に何かしてあげたいと思った。彼女は枕元に小さなスピーカーを置き特別に録音したカセットテープで、音楽を聴かせてあげていたのだ。父が死を迎えるまで、五週間もずっと……。

ローリーの口を借りて届いた父の感謝の言葉、それはリンダの心を打った。と同時に、リンダの最もつらかったときのことを思い起こさせた。

それにしても――、ローリーはどのようにして、これほどに特殊な情報を取り出すことができたのであろう。シュワルツは慎重な科学者なので、それがなぜ起こったのか明確に説明しようとしない。現在のところはただ、この種の現象を解明すべく、精力的に実験を行うのみである。

これは私の推測であるが、ローリーは、「量子真空」のような宇宙の情報プールに保存されている亡くなった人たちの人生記録フィールドに、まるでテレビのチャンネルを合わせるような気軽さで共鳴できる特異体質をもっているのではないだろうか。そして意のままにその人たちの心と交流して、そのフィールドから情報を取り出すのではないか。それはまるで宇宙インターネットに置いてある個人のホームページに簡単にアクセスし、モニタの画面からその情報を読むようなものである。

そしてその時起こる現象は、「シュワルツの仮説」でいうように単純なふたつのシステムの共鳴による情報交換である。また、それはとりもなおさず幽明境を異にする人たちとの会話である。さらにまた、彼らは宇宙の情報プールにとどまったまま、その存在形態を進化、あるいは成長させている可能性がある。それは私たちが肉体をもってこの世に生きているのとは別の、もうひとつの生きる姿なのかもしれない。

そう、四年前、リンダがシュワルツに「父がまだ生きている可能性はあると思う?」と聞いたその答えが、彼女の父親が語った「(リンダ、)音楽をありがとう」の言葉のなかに秘められていたのである。

私はリンダのこの体験で気づいたことがひとつある。それは、いわゆる「あの世」の存在から「この世」の存在になんらかの形で情報が伝達されるとき、「あの世」からのメッセージは必ず「この世」の特定の存在に伝えられるということだ。つまり、相手（「この世」の人）の名前を呼ぶように、あるいはそこに相手がいることを前提とした話し方をするということだ。

これは夢枕にたった死者の言葉も同じだと思う。私たちが夢で亡き人たちのことを見ることは少なくない。しかし、「あの世」の人からの私たちに対するメッセージである「特別な夢」は、ふつうの夢とは違う。彼らはふつうの夢のなかでは単に映像だけだったり、彼らが遠い世界でこちら側とは無関係に話していたり、あるいは夢を見る人の心の投影であったりする。しかし、「特別な夢」の場合は、彼らは夢のなかで明確に私たちを想定した話し方をするか、私たちの名前を呼んで、語りかけてくるのだ。

生まれて一ヵ月で亡くなった、私の娘の場合もそうだった。死後数年経ってから彼女は私の夢に現れて、「お父さん、(私、)もうこんなに大きくなったの！」と満面の笑顔で語りかけてきた。思い出してみると我が子はすでに何年も前に、「シュワルツの仮説」から帰結されるひとつの真実を私に伝えていたのだ。人は死んでもなおこの世の人たちとは異なる世界で生き続け、進化・成長しているのである。私たちは肉親の死が悲しいが、向こうの世界で幸せに存在しているならば、いつまでも悲しんでいてはいけないのだ。

愛犬を亡くして失意のどん底にあった老人を救った出来事

それは、動物の世界でも同じらしい。心霊研究家であり、動物愛護家であったイギリスのハロルド・シャープは彼の著書『ペットたちは死後も生きている』（原題 *Animals in the Spirit World*）（邦訳、日本教文社）で、ある老人に起こった出来事を書いている。シャープ氏はとても温厚な人で、動物たちへのヒーリング奉仕によって、多くの人々に愛された。また優れた霊能者として、イギリスの超心理学史に多大な功績を残したことでも知られている。

そんな彼がある日「喜びの聖母マリア」を祀《まつ》った、ある聖堂のなかにひざまずき、自分が人生で味わった数々の幸せな体験に感謝の気持ちを表していたときのことだ。犬の首輪とリードを手にした一人の年輩の男性がやって来て、彼の横にひざまずいた。見るとその人の顔は幸せにあふれ、くちびるは祈りを唱えているように静かに動いていた。その姿に感じるものがあったのだろう。シャープ氏はその人が立ち去ろうとしたとき、教会を出て声をかけた。そして、その人が教会に来た理由を知ったのである。

その人（老人）は長い間ローヴァーという名の犬を飼っていた。いや飼っていたというより、一緒に暮らしていたといった方がいいだろう。毎朝一緒に買い物に行き、午後は一緒に昼寝をし、気候の良い夜は一緒に長い散歩をしていた。ところがある日の午後、昼寝から目覚めた老人はローヴァーの死を知ったのである。そばに横たわるローヴァーに話しかけても返事がない。老犬ローヴァーは「あの世」に旅立ってしまったのだ。

老人にはそれが相当こたえ、何週間も悲しんだ。そして初めての寂しさを味わった。ところが、それから何日かたったある日、老人はたとえようもない幸せを体験したのである。彼がいつものように昼寝をしていると、犬が手をなめている温かい舌の感触で目が覚めた。するとそこにローヴァーが生前の姿そのままにしっぽを振っていたのだ。それはほんのつかの間の出来事だった。夢でも幻覚でもない、ローヴァーはありありとそこにいるように見えたのだ。

老人は、ローヴァーの思いがけない一瞬の出現を、深く神に感謝した。そして歓喜した。その歓喜が、翌日、老人を「喜びの聖母マリア」聖堂へと導いたのである。

ローヴァーを亡くして悲しみに暮れていた老人は、ローヴァーは死後もなおこの世の人たちとは異なる世界で生き続けていることを知ったのだ。シャープ氏は書いていないが、ローヴァーが出現したのは、おそらく、悲しみにくれる老人に自分があの世で元気に生きていることを知らせるためだったのではないか。

愛するペットを亡くしたことで精神的にまいってしまい、様々な心因性の症状に悩まされる人が少なくないと聞く。しかし死んだペットたちも霊的な存在としてあの世で生きているのだから、決して悲しむことはない。まして悲しみのあまり心身を病んでしまったら、ペットたちの方が悲しいに違いない。

米国同時多発テロを夢で予知した男

さて、この世を去った人たちから送られてくる未来の情報を夢のなかでキャッチすると主張するイギリス人がいる。私は実はこの本を書き始めてすでに二年ほどたったある日、偶然にもあるテレビ番組でシュワルツ博士が出演しているところを見た。その番組で彼は、正確な予知夢を見るというクリストファー・ロビンソンという人と行った実験結果について話していた。また、ロビンソン氏は先年アメリカで起こったニューヨークの同時多発テロを、ほぼ一ヵ月前に夢で見ており、しかるべき人たちに注意を促していたがまったく受け入れてもらえなかったということを話していた。

私はさっそくシュワルツ博士に連絡した。彼は日本のテレビにまで紹介されたことを驚いた様子だったが、そのおかげで彼がロビンソン氏と行った驚くべき実験の詳細を知ることができた。

ロビンソン氏はテレビの修理を仕事としていたが、予知夢を見る能力に気づいて以来十三年以上にわたり、彼の見た夢を日記につけていた。また、その能力を世の中のために役立てようと、スコットランド・ヤードとブリティッシュ・インテリジェンスのアシスタントとして重大犯罪やテロ、また災害などの予知に努めた。そして二〇〇一年四月、彼は自分の能力を科学的に調べてほしいといってシュワルツにコンタクトした。

シュワルツは初め当惑したが、ロビンソンの熱意に押され実験が計画された。十日間連続して、アリゾナ州ツーソン近郊の違う場所に行くのだが、その場所を前の晩に見る夢で予知するという実験である。この手の実験には、実験者や実験協力者たちの「期待効果」がつきものである。実験者がこういう結果を出したいと思うと、その心が実験のやり方や結果に微妙な影響を与えるのだ。したがって、そのような効果を極力消すための方法（二重盲検法）が取り入れられることが多い。私は、そのように慎重に計画され行われた実験結果でなければ信用しないことにしている。

この点、シュワルツはきわめて慎重に計画した。たとえば、シュワルツが五日前にあらかじめ選んでおいた二十ヵ所のなかから、十日間に行く場所と順番をシュワルツと面識のない実験協力者Aに、Aを含め関係者すべてがわからないように選ばせるということをした。シュワルツが地名をタイプして封筒に入れて封をした二十の封筒を、トランプを切るようにして混ぜ、十枚選び、1から10まで番号をつけ、Aに保管してもらった。

そして、朝ロビンソンが前の晩に見た夢を日記に記録し、頃合いを見はからってシュワルツが彼の宿泊しているホテルを尋ねる。そして今日自分が連れて行かれる場所の特徴を大きな声で話してもらい、それをビデオテープに撮っておく。それからシュワルツはもう一人の協力者Bを介して協力者Aに連絡し、Aは最初の日は「1」と番号をつけた封筒を開け、そこに書かれた地名をビデオに撮る。そしてシュワルツはBを介してAからその封筒のなかに入っていた地名の連絡を受ける。それに基づき、シュワルツとロビンソンは一緒にその場所までドライブするのだ。

ドライブの途中で見た特徴のある建物や風景、目的の場所の特徴などを公平に調べ、朝ロビンソンがいったこと（夢で予知したこと）と比べ、その合致度を十段階のレベルで評価する。これを十日間連続して行ったのである。結果は驚くべきものだった。最初の日だけが成績が八、後はすべて十。ロビンソンはその十日間に行く場所を完璧に近い正確さで夢に見たのである。そればかりではない。この実験のためツーソンに滞在していたある晩、彼は二〇〇一年九月十一日に起こったあの忌まわしい映像を夢に見て、うなされたのだ。ニューヨークの高層ビルにジェット機がつっこみ炎上する、あの映像だ。その悪夢は彼がイギリスに帰ってからも続いたという。

あの世にいる人たちから届く「未来の情報」

それではなぜロビンソンは、そのように正確に未来の出来事を夢で見ることができるのだろう。いくつかのことが考えられる。まず、「量子真空」のような宇宙の情報プールに、過去、現在、未来の情報すべてが内蔵されていて、彼は夢のなかでとくに未来の情報にアクセスすることができるのではないかということがある。これは過去・現在・未来すべての情報記録として古くから知られている「アーカシックレコード」という考え方にも通じるものだ。しかし、もしそうなら、私たちの未来はすでにすべて決定していることになり、私には納得しにくい。現状のまま時が推移していけばこういうことが起こるだろうが、今の条件を変えれば多少違う未来も開けてくると、私自身は思っているからだ。

ロビンソンはどう考えているかというと、すでに世を去った人たちとのコミュニケーションが、夢のなかで行われるという。つまり、「シュワルツの仮説」でいうように彼と物故者たちとの間でふたつの音叉が共鳴するようになんらかの情報が交換され続けた結果、未来の出来事が予見できるというのだ。とんでもなくバカげた考え方とあなたは思われるであろうか。しかしリンダの父がリンダに

「音楽をありがとう」というメッセージをあの世から伝えてきたと思われる事実を知ったら、ロビンソンのこの考え方をそう簡単に否定することはできないだろう。

しかしもう少し冷静に考えてみよう。仮にロビンソンのいうように世を去った人たちからの情報によって未来を予見できるとしたら、世を去った人たちはどのようにしてこれから起こることを知るのであろう。彼らは肉体をもたない霊的存在なので、これから起こることがはっきりと見えるのだろうか。そうだとするとなぜ見えるのだろう。彼らはやはり「量子真空」に保存された未来の情報にアクセスするのだろうか。あるいは彼らの高い叡智が、未来で起こることの情報をとらえることができるのだろうか。

いずれにせよ、彼の説に従えば、すでに世を去った人たちから情報を得るのであるから、彼が寝ている間にそういう情報を得られないようにしてしまえば、予知夢を見ることはできないはずだ。そこで、ある研究者が彼を電気（電子）を遮蔽《しゃへい》した部屋や、電磁線を遮蔽した部屋に寝かせてみた。すると、電気を遮蔽した部屋に寝た場合は予知夢の精度が高くなり、電磁線を遮蔽した部屋に寝かせると予知夢の精度が落ちたという。解けそうで解けない謎のようで、興味のつきないことである。

人類は過去に三度の「マクロシフト」を経験している

本書執筆のため私はゲリー・シュワルツとリンダ・ルセックの提唱する仮説とその周辺にある仮説について研究しながら、つくづく思ったことがある。それは、いま科学も大変革期にあるということだ。私のもっとも尊敬する哲学者の一人アーヴィン・ラズローが最近、『マクロシフト』(邦訳、文春ネスコ)という本を出した。そこで彼が書いたことは、本当だと私は思うのだ。

彼は十代半ばにしてニューヨークでデビューした天才的なピアニストでもある。そして現在はブタペストクラブの会長としても活躍している。ブタペストクラブとは、一九九三年にラズローが設立した非営利の国際組織である。人類の叡智を集めて、科学・文化・経済と精神性を統合し、宇宙的視野に立った新しい倫理や、人類の未来社会に必要な視点を提供しようという組織だ。ラズローがローマクラブのメンバーだった頃、『成長の限界』で一世を風靡《ふうび》した同クラブの初代会長アウレリオ・ベッチェイと、人類社会に宇宙的な意識をはぐくまなければならないという思いで一致したことが設立のきっかけだったという。

現在はそうそうたる名誉会員が名を連ねている。ダライ・ラマ十四世をはじめとするノーベル平和賞受賞者たち、私の尊敬する動物行動学者のジェーン・グドールやSF作家のアーサー・C・クラーク等々である。また『踊る物理学者たち』の著者ゲーリー・ズーカフはクリエイティブメンバーである。『マクロシフト』はそのブタペストクラブの公式レポートでもあるのだ。

そのレポートで、彼は「マクロシフト」という概念を提案している。それは、ある時、青天の霹靂《へきれき》のように訪れるカオス的・危機的な時代分岐点を通る、大規模な社会変化のことだ。ラズローによると、その社会変化によって世界が崩壊するかもしれず、反対に新たな前進となるかもしれない。それを決めるのはその時の大勢をしめる文化や人々の意識なのだという。そして驚くべきことに、今はまさに人類史上三度目のマクロシフトのまっただ中にあり、二〇〇一年から二〇〇五年の五年間こそ、カオス的・危機的な時代分岐点だというのだ。

では、過去に二度あったというマクロシフトとは何だったのか？　ラズローによると、第一のマクロシフトは、「ミュトス」から「テオス」へのシフトだったという。

ミュトスとは、「人間の思考のもっとも原初的な段階で、宇宙、人、神などの起源にまつわる神話の形をとっており、追思考や追体験をゆるさぬ超越的な語り口が特徴となっている」ものである。テオスとは、「ミュトスの次にくる一神論。単一の最高存在者、最高の知性の存在を信じる」というものである。このシフトにより、人類は新石器時代から古代文明へと移行した。そのきっかけとなったのは、灌漑《かんがい》システムと、銅や青銅の登場であった。

新石器時代の人々は、ほぼ部族単位で大きな川のほとりに住みついていた。そこに灌漑システムや銅、青銅を使った新しい技術が出てくると、穀物の収穫が大幅に増え、より多くの人々が集まって暮らすようになった。社会は複雑になり、新しい世界観に基づいた秩序により、人々は暮らさなければならなくなったのである。その世界観が「テオス」だ。そして人々を治める王は、天空の神々による秩序を地上に反映すべく、自らを神の子孫だと称した。

第二のマクロシフトは、「テオス」から「ロゴス」へのシフトだった。ロゴスとは合理性のことで、鉄器の登場がこのシフトのきっかけとなった。鉄器をもったインド・ヨーロッパ語族が各方面に進出し、彼らのうちギリシャやローマに住みついた人々が国家をつくった。そしてギリシャ・ローマ文明を築いていったのである。これにより、古代文明はギリシャ・ローマ文明へと移行し、それが基礎になって現代までの文明が形成されたというのである。

当然のことながらこれらのマクロシフトで、人々の世界観は大きく変化した。第一のマクロシフトで人々の世界観は神話的・超越的なものから一神論的なものに変わった。それが第二のマクロシフトでさらに、合理的精神を中心とする世界観に変わったのである。そして、その流れが西洋的科学文明を生み出した。これらのマクロシフトの特徴として注目しなければならないのは、以前の文明を一変させる何ものかが登場することによって、ある時期、カオス的・危機的状況が生じ、時代が激変するという点である。

それでは、今まさに起ころうとしているマクロシフトとは何なのか。それは、産業革命が始まった一八六〇年以降の新技術、高度な情報技術をきっかけとするシフトで、ラズローは「ロゴス」から「ホロス」へのマクロシフトであるという。ホロスとは、全体性のことで、宇宙的な倫理意識のもとですべてのものが共生し、平和で持続可能な文明を築ける世界を意味する。しかし、ことはそう簡単ではない。今まさに私たちの世界はカオス的・危機的な状態にあり、私たちの意識のありようによっては、そのまま世界の崩壊へとつき進んでしまいかねないからだ。そしてその兆候を私たちは世界の随所に見ることができる。

まずは、一昨年九月十一日にアメリカで起こった同時多発テロであろう。それは、ロゴス文明の終焉を象徴するかのような出来事だったのではないだろうか。そればかりではない。人間は膨大な量の地球資源を無神経に使用したため、地球全体で環境汚染が進行し、水、空気、土壌の汚染はきわめて深刻な事態となっている。また土地の砂漠化により、人々は毎年五百万ヘクタール以上の農耕地を失っている。

さらに、広がる貧困である。世界銀行の報告によると、世界の人々の五人に一人は、一日一ドル未満で生活をしている。一九九九年には、防ぐことが可能であった病気で一千万人の乳幼児が亡くなった。一億千三百万人の児童が小学校に通っていない。また、世界のあちこちで家族が機能しなくなっているという。これでは今の文明はとても持続可能とはいえないだろう。

科学は今、「ロゴス」から「ホロス」への大変換点に来ている

しかし、一方で明るく強い希望の光も見える。真に理想的なホロス文明へと移行する兆候が様々な所に現れているのだ。インターネット網で人々は国家を越えてつながり始めており、汚染された環境を修復する技術や人間の健康を向上させる高度な技術が出始めている。また、何より注目に値するのは精神性の台頭である。多くの人たちが自らの内面を見つめ始めている。彼らは自ら祈り、瞑想し、利他性あふれる行動を起こして、スピリチュアリティーを高めようとしているのだ。その流れにのるように、アメリカの主だった医学校やビジネス校は精神性《スピリチュアリティー》の講座をもうけている。また、世界各地で市民レベルのホロス的プロジェクトが動き始めている。

さらに、アメリカでは四人に一人は文化的創造性のあるオルタナティブなライフスタイルを選択し

ているという。彼らは読書を好み、テレビはあまり見ずにラジオを聴く。文化や芸術に高い関心をもち、エコロジカルで健全な本物の製品を好む。そしてその全製造過程を知りたがる。食通で自然食を好み、ひっそりとした空間を好む。彼らは共通して全体論的な認識をし、今の機械論的文明を越える文化を生み出したいと考えているのだ。

ラズローはこのような人々の流れがもっと大きくなれば、人類史上三番目のマクロシフトによって理想的なホロス社会が到来するという。そのためには、まだまだ多くの人々の心にひそむ時代遅れの信念（思いこみ、前提）を捨てなければならないというのだ。それはまず、自然は無尽蔵であるという信念。また、自然は巨大な機械であるという信念。次に、人生は生き残りのための闘いであるという信念。さらに、マーケットは利益を分配するという信念。そして、消費は美徳であるという信念だ。これらの古く有害な信念を捨て、より多くの人々が宇宙的道徳と惑星規模の倫理にしたがい尊厳をもって生き始めたならば、世界は変わる。だから一人一人がそういう自覚をもって今を生きよう。今ほど私たちの未来社会への影響力が強い時はないのだから。彼はそう主張するのだ。

科学においても話は同じだ。いま、科学はロゴスからホロスへの大転換期にさしかかっている。今までのロゴス的な科学は世界を機械論的にとらえ、すべてを物資に還元して現象を解明しようとしてきた。そして、ダーウィンの進化論やニュートン物理学の機械論的世界観が登場し、幅をきかせてきた。しかしそれらはもはや古典であり、その世界観に固執することによって何の利益も得られない時代となったことを知らなければならない。

ラズローはいう。今日の物理学では、物理学的世界の基本とされている量子が、ただちにしかも直接的に互いに影響を及ぼし合って、宇宙を織りなす微妙な結合の糸をつくり出している、と――。つまり、この世界にあるものがそれぞれ独立して現象しているのではなく、本質的には世界全体が瞬間瞬間に関わり合っているということだ。

さらに彼は、現代生物学の生命に関する考え方を次のように説明する。つまり、私たち人間を含めすべての生命体は、どの部分もどこかからコントロールされているわけではなく、むしろ生命体のそれぞれの部分が常にコミュニケーションをとり合っている。そして、そのおかげで生命はその全体を維持するために必要な調整や対応をすることができ、また変化することができるのだ――。

シュワルツが、この世界は様々なシステムにより構成されており、それらはお互いに情報エネルギーを交換し合いながら、全体としてひとつのシステムを形成していると提唱するその仮説は、明らかにホロスに向かう現代科学の線上にある。ホロス世界の科学では、今までの科学ではとうてい解明できなかったことが、いくつもの新しい着想によって解明されるだろう。それにより、今までは「非科学的」とされた現象が科学の土俵にのり、私たちも世界観を変えなければならない日が来るだろう。そして、その日は意外にも近くに迫っているのだ。

世界は、あなたのすべてを永遠に記憶する

さて、今ほど私たちの未来に対する影響力の大きいときはないとラズローはいうが、これはとても

深い意味があると私は思う。まず、今（現在）が時代の流れの特異点であるということだろう。特異点では何が起こるか予測がつかない。過去からずっと同じ軌道で飛んできた宇宙船地球号が、ある時点にさしかかったとき、突然その軌道を変えてとんでもないところにワープする。あるいは暗黒のブラックホールにどこまでも落ち込んでしまう。とてつもなく良いことが起こるかもしれないし、人類史上最悪のことが起こるかもしれない。それがこの特異点の特徴だ。

私は数年前までは、人間社会では「現在」というこの一瞬のおそらく九十八パーセントくらいが過去に依存しているので、私たちにはわずか二パーセントくらいの範囲でしか創造性が発揮できないのではないかと思っていた。またそのことを本にも書いた。

人間社会では、過去からの考え方や習慣、常識などに基づく行動様式によって現在の社会のほとんどが決められており、それが過去から流れてくる大河のように未来へと向かう。その大河の流れを変えるのは容易ではないのだ。それは私たちの過去からのカルマともいえるだろう。しかし今というこの瞬間の二パーセントくらいは、過去の流れを変える宇宙の創造力が働くこともある。それをうまく利用することができれば、私たちは未来を思うようにつくることができる。私たちの意識のあり方によっては、明るい未来をつくることができるのだ――私はそう考えていた。ラズローの『マクロシフト』を読むまでは。

しかし今、私はその考え方を修正しなければならない。私たち自身の意識のあり方次第で未来を変えることができるという点で、私とラズローの考えはよく似ていた。しかし、決定的に違うところがあった。それは、二〇〇一年から二〇〇五年の五年間は例外であると、ラズローが考えていた点だ。この五年間は特異点にさしかかっているから、私たちは過去のあり方に影響を受けない。過去の呪縛から解き放たれているということなのである。したがって、今なら私たちの努力次第で容易に素晴らしい未来を築くことができる。私たちは思いきって創造性を発揮することができるのだ。反対に、へたをすると人類が滅亡しかねないほどのことだって起こるかもしれない。

私はこの考え方に衝撃を覚えた。と同時に、私たちは今、過去からの世界観を変え、心を変えて創造的に生活しなければならないと痛感したのだ。ラズローはとくに二〇〇一年から二〇〇五年が未来を変えるのに大切な期間であるというが、この現代がマクロシフトの時代というならば、今からならいつでも私たちの努力が未来に大きな影響を与えうるということでもあろう。だから、この地球上に暮らす一人でも多くの人が過去からの呪縛を解き、心を変えて創造的に暮らしてほしいと思う。そうすることにより、私たちにはかなり明るい希望が見えてくるからだ。

それを理論的にバックアップするのがシュワルツとルセックによってもたらされた世界観だ。彼らの理論によれば、私たち一人一人の行動や人生が、光によって宇宙の記憶倉庫（量子真空）に保管され、決して消えることなく存在し続けることになる。世界はあなたのすべてを記憶しているのである。その意味で、この地球にすむすべての人々の人生には深い価値があるのである。宇宙の記憶倉庫に保管されたものは、全体としてひとつの生命体のような存在になっているとも考えられるからだ。

私は二年前に『地球は心をもっている』という本のなかで、地球には「惑星心場」という一種の心のフィールド、つまり「地球の心」があるというアーナ・ウィラー博士の仮説を紹介した。これは有名なジェームス・ラブロック博士の「地球ガイア仮説」を一歩押し進めたもので、地球ガイアがひとつの生命体ならば、その生命体には心が宿っていてもおかしくないという考え方がその根底にある。惜しいことにウィラー博士は一昨年（二〇〇一年）六月にサンタフェの自宅で家族に見守られながら亡くなられたが、彼の「地球の心」を「シュワルツの仮説」の観点から見ると、とても意味深いものがある。

「地球の心」は、少なくともシュワルツのいう宇宙の記憶装置の一部を形づくっているのではないかと、私は思う。私たち一人一人の心をすべてつなげたひとつの大きな心のフィールドが「地球の心」で、それは記憶装置でもあるから、私たちのすべての人生の記録がそのなかに生死を超え永遠に記憶されるのではないか。そうであれば、この地球にすむ誰一人として、「地球の心」に影響を与えないものはない。すべての人々の心や行動が情報エネルギーとして「地球の心」に吸収され、そこに記憶されるからだ。

ここでよく注意しておかなければならないのは、嬉しいことも悲しいことも、他を思いやる気持ちも他を傷つける気持ちも、すべてがそこに記憶されてしまうということだろう。そして、私たちがこの地球に誕生してからずっとそのようなことが起こってきたのだろうと、私は思う。

人々の心が影響を与え続けてきた「地球の心」は、したがって、自ら進化・成長してきたともいえるだろう。おそらくラズローのいうように、過去の「マクロシフト」によって大変身を遂げながら。

そして今、ふたたび「地球の心」は大変身しようとしている。その変身のしかたは、私たち一人一人の心の持ち方ひとつで決まる。その意味で、あなたは非常に大切な存在なのである。

また、こういうこともいえるだろう。私たちの意識や人生における行為や学んだ体験が情報エネルギーとして「地球の心」に記憶されるのと同じように、「地球の心」の方からも私たちに投げかけてくるものがあるだろう。シュワルツの仮説によれば、すべてが「情報エネルギーシステム」として、お互いに情報エネルギーを交換し合って進化していくはずだからだ。そこで私は、多くの人々が過去からずっとなんらかの形で祈りをささげてきた地上の歴史を思う。

祈りによってどれほど「地球の心」が癒され、浄化されてきたことだろう。私たちが歴史の流れの特異点にいる今こそ、多くの人々の祈りが必要であろう。また、そうしてつくられてきた「地球の心」の清らかなる部分から、私たちが癒され続けてきたことは確かなのではないか。「地球の心」と私たち一人一人の心の間で、いまも情報エネルギーが交換されている。それは、大いなる「地球の心」が、常に私たちを見守り、守護しているということではないのか。「シュワルツの仮説」を研究すればするほど、私のこの思いは強くなるのだ。

すべての人の人生に、素晴らしい意味と価値がある

最後に、あらためて問おう。この宇宙のただなかの、地球という惑星で暮らしている私たちは、いったい何者なのか。そして、私たち人類は今後どうなっていくのか、と――。

宇宙が誕生してから今までの間に、百三十~百五十億年がたったといわれている（最近アメリカ航空宇宙局は、百三十七億年と発表した）。これが正しいとすると、宇宙が誕生してから百数十億年後に、地球という惑星に、私たちは誕生したことになる。しかし、なぜ？　せっかく誕生したのに、私たちは愚かにも戦いをくり返し、末法的な様相をあらわにしながら、遠からず、滅びていくのだろうか。

世の中で起きる様々な悲しい出来事を目の当たりにして、私は時々、ひどく落ち込むことがある。しかし、そんなとき、ふと我に返って思うのだ。そんなことはない。そんなはずはないではないか、と――。

シュワルツの仮説では、この宇宙のすべてのものが様々なレベルで情報エネルギーを交換し合いながら、自己改変し学習しているという。そういうことを永遠にくり返しながら、すべてのものが活動している。それは、「この宇宙のすべてのものが生きている」ということと同等ではないのか？　また、そういう宇宙が、永遠に進化し続けているということではないのか？　それはまた、この宇宙のすべてのものがつながっているということではないのか？　すべて、シュワルツとルセックのいう通りに……。

つまり、つきつめていえば、宇宙が全体で一つの生命体であり、自己進化している存在であるに違いないのだ。そう考えると、この宇宙はなにかとてつもなく神々しく、とてつもなく深い叡智と意味を含んだ究極の存在（「超宇宙」）に向かって、進化しているのではないかと思えてくる。

シュワルツの仮説に従えば、すべての人の行動や人生が、宇宙のなかに記憶される。なぜそうなっているのかというと、今の宇宙が、「超宇宙」に進化するためではないのか。私にはそう思えて仕方ないのだ。

私たちは、より高く清らかで幸せに満ちた人生を得るために学び、人生修行をくり返す。そうしてみずからの魂に記録してきたことが、シュワルツの仮説で説く過程を通じて、より大きな宇宙の記憶のなかに吸収されるのである。それは宇宙が「超宇宙」に進化するためには欠かすことのできないことなのだ。その意味で、私たち一人一人の人生には深い価値があるのである。

しかし、そんな高尚なことは抜きにしても、私たちが前向きに生きようとするかぎり、私たちはより善い状態へと導かれ、決して悪い方へは行かないことだけは確かだ。なぜなら、私たち一人一人の前向きな生き方とそこから学んだよい経験が、宇宙の記憶倉庫に保管され、それが「地球の心」を形成しながら、多くの人々の心にふたたびフィードバックされるからだ。

私たちは、いずれ自らの肉体と別れなければならないときが来る。しかし、その人生で学び徳を積んできたことは、肉体の死とともに消えることはないだろう。それは一種の善なる「魂の記憶」としてこの宇宙に残り、私たちのよりよい進化を支えていくに違いないのだ。そしていつの日か、私たちは深い愛と智恵、そして霊性（スピリチュアリティー）を身につけた存在へと飛躍する。是非、そうなってほしいものだ。

主要参考文献等

全般

・*The Living Energy Universe* (Gary E. R. Schwartz, Ph.D., Linda G. S. Russek,Ph.D., Hampton Roads Publishing Company, Inc., 1999)

・

序にかえて

・『論語の講義』諸橋轍次、大修館書店、一九七三年

第1章

・『前世からの恋人』ジェス・スターン他、林陽(訳)、中央アート出版社、一九九三年

・『大きな古時計の謎』「みんなの歌」研究会編、長田暁二(監修)、飛鳥新社、二〇〇二年

・*The Science of the Soul* (Robert Siblerud, Leo Spinkle, New Science Publications, 2000)

・『宇宙の不思議がわかる本』菊山紀彦・本田成親、三笠書房、一九九八年

・『場の量子論とは何か』和田純夫、講談社（講談社ブルーバックス）、一九九六年
・『図解雑学素粒子』二間瀬敏史、ナツメ社、二〇〇一年
・『第５の力』大槻義彦、日本放送出版協会（ＮＨＫブックス）、一九八八年
・『図説生物』（改訂５版）水野文夫他編著、東京書籍（ビジュアルワイド）、二〇〇一年

第2章

・『シンクタンクの仕事術』名和小太郎、ＪＩＣＣ出版（別冊宝島149）、一九九二年
・『情報と自己組織性の理論』吉田民人、東京大学出版会、一九九〇年
・*Cybernetics* (Second Edition) (Norbert Wiener, MIT Press, 1999)
・*Information and Meaning* (Tom Stonier, Springer, 1997)
・『情報物理学の探究』Ｔ・ストウニア、立木教夫（訳）、シュプリンガー・フェアラーク東京、一九九二年
・*Contact* (Carl Sagan, Poket Books, 1986)（邦訳『コンタクト』池央耿・高見浩〔訳〕、新潮社〔新潮文庫〕、一九八九年）
・「コンタクト」ワーナー・ホーム・ビデオ、一九九八年
・*Science and Soul* (Gary Schwartz, Ph.D., Deepak Chopra, M.D., Hay House Audio, 2001)（カセットテープ）
・『脳と心の量子論』治部眞里、保江邦夫、講談社（講談社ブルーバックス）、一九九八年
・「サイアス」一九九九年十二月号「脳と心の物理学」保江邦夫、治部眞里、朝日新聞社
・『意識する心』デイヴィッド・Ｊ・チャーマーズ、林一（訳）、白揚社、二〇〇一年

第3章

・*Homeopathy: Science or Myth?* (Bill Gray, M.D., North Atlantic Books, 2000)
・『癒しのホメオパシー』渡辺順二、地湧社、二〇〇二年
・『欧米医学の最先端「ホメオパシー療法」入門』ジュディス・ライケンバーグ・ウルマン、ロバート・ウルマン、越宮照代（訳）、徳間書店、一九九九年
・ディクトンプロダクツ（http://www.dicton.co.jp/）
・コンプロネット「水の話」（http://www.con-pro.net/readings/water/）
・『雪』中谷宇吉郎、岩波書店（岩波文庫）、一九九四年
・『医師が認めたアロマセラピーの効力』川端一永、河出書房新社、二〇〇二年
・『謎のムーンストーンパワー』マギー、二見書房、一九九四年

第4章

・『記憶する心臓』クレア・シルヴィア、ウィリアム・ノヴァック、飛田野裕子（訳）、角川書店、一九九八年
・『心臓の暗号』ポール・ピアソール、藤井留美（訳）、角川書店、一九九九年
・『ハートをむしばむ性格と行動』福西勇夫・山崎勝之（編）、星和書店、一九九五年
・「ISLIS」Vol. 19, No.1「ミニシンポジウム　外気功の科学」～「気功の遠隔効果の測定と精神作用」木戸眞美・佐

藤眞志、ＩＳＬＩＳ（国際生命情報科学会）、March 2001.
・『地球は心をもっている』喰代栄一、日本教文社、二〇〇〇年
・『「気」のつくり方・高め方』佐々木茂美、サンマーク出版（サンマーク文庫）、一九九九年
・『チャクラ』C・W・リードビーター、本山博・湯浅泰雄（訳）、平河出版社、一九七八年
・『実在の境界領域』ロバート・G・ジャン、ブレンダ・J・ダン、石井礼子（訳）、技術出版、一九九二年
・『なぜそれは起こるのか』喰代栄一、サンマーク出版（サンマーク文庫）、二〇〇一年
・*Dogs That Know When Their Owners Are Coming Home* (Rupert Sheldrake, Random House, 1999)（邦訳『あなたの帰りがわかる犬』田中靖夫〔訳〕、工作舎、二〇〇三年）
・『ペットたちは死後も生きている』ハロルド・シャープ、小野千穂（訳）、日本教文社、二〇〇二年
・『創造する真空』アーヴィン・ラズロー、野中浩一（訳）、日本教文社、一九九九年
・*The Afterlife Experiments* (Gary E. Schwartz, Ph.D., William L. Simon, Pocket Books, 2002)
・『マクロシフト』アービン・ラズロ、伊藤重行（日本版監修）、稲田香（訳）、文春ネスコ、二〇〇二年

著者紹介❖——喰代栄一（ほおじろ・えいいち）

一九七四年、埼玉大学理工学部生化学科卒業後、東京医科歯科大学医用機材研究所で約三年間の研究生活を送る。一九九三年、「時間生物学」を題材とした科学読み物『脳に眠る「月のリズム」』（光文社カッパ・サイエンス）を上梓して、サイエンスライターとしての活動を始める。一九九六年には「シェルドレイクの仮説」を紹介した『なぜそれは起こるのか』（サンマーク出版）がベストセラーとなる。その後、『こうして未来は形成される』（サンマーク出版）、『地球は心をもっている』（日本教文社）などの著作を発表、サイエンスとスピリチュアリティーの融合を求めて著作活動を続けている。

魂《たましい》の記憶《きおく》
宇宙《うちゅう》はあなたのすべてを覚《おぼ》えている

初版発行――平成一五年六月一五日
四版発行――平成二〇年五月一日

著者――喰代栄一（ほおじろ・えいいち）

発行者――岸　重人
発行所――株式会社日本教文社
東京都港区赤坂九―六―四四　〒一〇七―八六七四
電話　〇三（三四〇一）九一一一（代表）
〇三（三四〇一）九一一四（編集）
FAX　〇三（三四〇一）九一一八（編集）
〇三（三四〇一）九一三九（営業）
振替＝〇〇一四〇―四―五五五一九
印刷・製本――東洋経済印刷
装幀――Push-up（清水良洋＋西澤幸恵）
本文図版――Push-up（永野友紀子）
●日本教文社のホームページ　http://www.kyobunsha.co.jp/

ISBN978-4-531-06385-7　Printed in Japan